杭州优秀传统文化丛书编纂委员会

主　编：周江勇

副主编：戚哮虎　许　明　陈国妹

编　委（按姓氏笔画排序）：

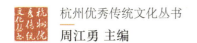

杭州优秀传统文化丛书

周江勇 主编

山水之间
帝王家

姜青青——著

杭州出版社

图书在版编目（CIP）数据

山水之间帝王家 / 姜青青著 . —— 杭州：杭州出版社 , 2020.9

（杭州优秀传统文化丛书 / 周江勇主编）

ISBN 978-7-5565-1357-4

Ⅰ . ①山… Ⅱ . ①姜… Ⅲ . ①中国历史—南宋—通俗读物 Ⅳ . ① K245.09

中国版本图书馆 CIP 数据核字（2020）第 179517 号

Shan Shui Zhi Jian Diwang Jia

山水之间帝王家

姜青青/著

责任编辑	蒋晓玉
装帧设计	李轶军　祁睿一
美术编辑	祁睿一
责任校对	段伟文
责任印务	华　萍
出版发行	杭州出版社（杭州西湖文化广场32号6楼） 电话：0571-87997719　邮编：310014 网址：www.hzcbs.com
排　　版	浙江时代出版服务有限公司
印　　刷	杭州日报报业集团盛元印务有限公司
经　　销	新华书店
开　　本	710 mm×1000 mm　1/16
印　　张	21
字　　数	258千
版 印 次	2020年9月第1版　2020年9月第1次印刷
书　　号	ISBN 978-7-5565-1357-4
定　　价	48.00元

寄 语

　　中华优秀传统文化是中华民族的精神命脉，是我们在世界文化激荡中站稳脚跟的坚实根基。杭州拥有实证中华五千多年文明史的圣地良渚古城遗址，是首批国家历史文化名城和中国七大古都之一，历史给杭州留下了众多优美的传说、珍贵的古迹和灿烂的诗篇。西湖、大运河、良渚三大世界遗产和灵隐寺、岳庙、六和塔等饱经沧桑的名胜古迹，钱镠、白居易、苏轼、岳飞、于谦等名垂青史的风流人物，西泠篆刻、蚕桑丝织技艺、浙派古琴艺术等代代传承的非物质文化遗产，形成了完整的文化序列、延绵的城市文脉。"杭州优秀传统文化丛书"旨在保护城市文化遗存、弘扬优秀传统文化，包括一部专著和十个系列一百余册书籍，涵盖城史文化、山水文化、名人文化、遗迹文化、艺术文化、思想文化等方方面面，以读者为中心，具有"讲故事、轻阅读、易传播"的特点。希望广大读者能通过这套丛书，走进处处有历史、步步有文化的人间天堂，品读历史与现实交汇的独特韵味，在坚定文化自信中当好中华文明的薪火传人。

周江勇

（周江勇，中共浙江省委常委、杭州市委书记，"杭州优秀传统文化丛书"主编）

序　言

文化是城市最高和最终的价值

我们所居住的城市，不仅是人类文明的成果，也是人们日常生活的家园。各个时期的文化遗产像一部部史书，记录着城市的沧桑岁月。唯有保留下这些具有特殊意义的文化遗产，才能使我们今后的文化创造具有不间断的基础支撑，也才能使我们今天和未来的生活更美好。

对于中华文明的认知，我们还处在一个不断提升认识的过程中。

过去，人们把中华文化理解成"黄河文化""黄土地文化"。随着考古新发现和学界对中华文明起源研究的深入，人们发现，除了黄河文化之外，长江文化也是中华文化的重要源头。杭州是中国七大古都之一，也是七大古都中最南方的历史文化名城。杭州历时四年，出版一套"杭州优秀传统文化丛书"，挖掘和传播位于长江流域、中国最南方的古都文化经典，这是弘扬中华优秀传统文化的善举。通过图书这一载体，人们能够静静地品味古代流传下来的丰富文化，完善自己对山水、遗迹、书画、辞章、工艺、风俗、名人等文化类型的认知。读过相关的书后，再走进博物馆或观赏文化景观，看到的历史遗存，将是另一番面貌。

I

过去一直有人在质疑，中国只有三千年文明，何谈五千年文明史？事实上，我们的考古学家和历史学者一直在努力，不断发掘的有如满天星斗般的考古成果，实证了五千年文明。从东北的辽河流域到黄河、长江流域，特别是杭州良渚古城遗址以 4300—5300 年的历史，以夯土高台、合围城墙以及规模宏大的水利工程等史前遗迹的发现，系统实证了古国的概念和文明的诞生，使世人确信：这里是古代国家的起源，是重要的文明发祥地。我以前从来不发微博，发的第一篇微博，就是关于良渚古城遗址的内容，喜获很高的关注度。

我一直关注各地对文化遗产的保护情况。第一次去良渚遗址时，当时正在开展考古遗址保护规划的制订，遇到的最大难题是遗址区域内有很多乡镇企业和临时建筑，环境保护问题十分突出。后来再去良渚遗址，让我感到一次次震撼：那些"压"在遗址上面的单位和建筑物相继被迁移和清理，良渚遗址成为一座国家级考古遗址公园，成为让参观者流连忘返的地方，把深埋在地下的考古遗址用生动形象的"语言"展示出来，成为让普通观众能够看懂、让青少年学生也能喜欢上的中华文明圣地。当年杭州提出西湖申报世界文化遗产时，我认为是一项需要付出极大努力才能完成的任务。西湖位于蓬勃发展的大城市核心区域，西湖的特色是"三面云山一面城"，三面云山内不能出现任何侵害西湖文化景观的新建筑，做得到吗？十年申遗路，杭州市付出了极大的努力，今天无论是漫步苏堤、白堤，还是荡舟西湖里，都看不到任何一座不和谐的建筑，杭州做到了，西湖成功了。伴随着西湖申报世界文化遗产，杭州城市发展也坚定不移地从"西湖时代"迈向了"钱塘江时代"，气势磅礴地建起了杭州新城。

从文化景观到历史街区，从文物古迹到地方民居，众多文化遗产都是形成一座城市记忆的历史物证，也是一座城市文化价值的体现。杭州为了把地方传统文化这个大概念，变成一个社会民众易于掌握的清晰认识，将这套丛书概括为城史文化、山水文化、遗迹文化、辞章文化、艺术文化、工艺文化、风俗文化、起居文化、名人文化和思想文化十个系列。尽管这种概括还有可以探讨的地方，但也可以看作是一种务实之举，使市民百姓对地域文化的理解，有一个清晰完整、好读好记的载体。

传统文化和文化传统不是一个概念。传统文化背后蕴含的那些精神价值，才是文化传统。文化传统需要经过学者的研究提炼，将具有传承意义的传统文化提炼成文化传统。杭州在对丛书作者写作作了种种古为今用、古今观照的探讨交流的同时，还专门增加了"思想文化系列"，从杭州古代的商业理念、中医思想、教育观念、科技精神等方面，集中挖掘提炼产生于杭州古城历史中灵魂性的文化精粹。这样的安排，是对传统文化内容把握和传播方式的理性思考。

继承传统文化，有一个继承什么和怎样继承的问题。传统文化是百年乃至千年以前的历史遗存，这些遗存的价值，有的已经被现代社会抛弃，也有的需要在新的历史条件下适当转化，唯有把传统文化中这些永恒的基本价值继承下来，才能构成当代社会的文化基石和精神营养。这套丛书定位在"优秀传统文化"上，显然是注意到了这个问题的重要性。在尊重作者写作风格、梳理和讲好"杭州故事"的同时，通过系列专家组、文艺评论组、综合评审组和编辑部、编委会多层面研读，和作者虚心交流，努力去粗取精，古为今用，这种对文化建设工作的敬畏和温情，值得推崇。

人民群众才是传统文化的真正主人。百年以来，中华传统文化受到过几次大的冲击。弘扬优秀传统文化，需要文化人士投身其中，但唯有让大众乐于接受传统文化，文化人士的所有努力才有最终价值。有人说我爱讲"段子"，其实我是在讲故事，希望用生动的语言争取听众。今天我们更重要的使命，是把历史文化前世今生的故事讲给大家听，告诉人们古代文化与现实生活的关系。这套丛书为了达到"轻阅读、易传播"的效果，一改以文史专家为主作为写作团队的习惯做法，邀请省内外作家担任主创团队，组织文史专家、文艺评论家协助把关建言，用历史故事带出传统文化，以细腻的对话和情节蕴含文化传统，辅以音视频等其他传播方式，不失为让传统文化走进千家万户的有益尝试。

中华文化是建立于不同区域文化特质基础之上的。作为中国的文化古都，杭州文化传统中有很多中华文化的典型特征，例如，中国人的自然观主张"天人合一"，相信"人与天地万物为一体"。在古代杭州老百姓的认知里，由于生活在自然天成的山水美景中，由于风调雨顺带来了富庶江南，勤于劳作又使杭州人得以"有闲"，人们较早对自然生态有了独特的敬畏和珍爱的态度。他们爱惜自然之力，善于农作物轮作，注意让生产资料休养生息；珍惜生态之力，精于探索自然天成的生活方式，在烹饪、茶饮、中医、养生等方面做到了天人相通；怜惜劳作之力，长于边劳动，边休闲娱乐和进行民俗、艺术创作，做到生产和生活的和谐统一。如果说"天人合一"是古代思想家们的哲学信仰，那么"亲近山水，讲求品赏"，应该是古代杭州人的生动实践，并成为影响后世的生活理念。

再如，中华文化的另一个特点是不远征、不排外，这体现了它的包容性。儒学对佛学的包容态度也说明了这一点，对来自远方的思想能够宽容接纳。在我们国家的东西南北甚至是偏远地区，老百姓的好客和包容也司空见惯，对异风异俗有一种欣赏的态度。杭州自古以来气候温润、山水秀美的自然条件，以及交通便利、商贾云集的经济优势，使其成为一个人口流动频繁的城市。历史上经历的"永嘉之乱，衣冠南渡"，"安史之乱，流民南移"，特别是"靖康之变，宋廷南迁"，这三次北方人口大迁移，使杭州人对外来文化的包容度较高。自古以来，吴越文化、南宋文化和北方移民文化的浸润，特别是唐宋以后各地商人、各大商帮在杭州的聚集和活动，给杭州商业文化的发展提供了丰富营养，使杭州人既留恋杭州的好山好水，又能用一种相对超脱的眼光，关注和包容家乡之外的社会万象。这种古都文化，也代表了中华文化的包容性特征。

城市文化保护与城市对外开放并不矛盾，反而相辅相成。古今中外的城市，凡是能够吸引人们关注的，都得益于与其他文化的碰撞和交流。现代城市要在对外交往的发展中，进行长期和持久的文化再造，并在再造中创造新的文化。杭州这套丛书，在尽数杭州各色传统文化经典时，有心安排了"古代杭州与国内城市的交往""古代杭州和国外城市的交往"两个选题，一个自古开放的城市形象，就在其中。

　　"杭州优秀传统文化丛书"在传统和现代的结合上，想了很多办法，做了很多努力，他们知道传统文化丛书要得到广大读者接受，不是件简单的事。我们已经走在现代化的路上，传统和现代的融合，不容易做好，需要扎扎实实地做，也需要非凡的创造力。因为，文化是城市功能的最高价值，也是城市功能的最终价值。从"功能城市"走向"文化城市"，就是这种质的飞跃的核心理念与终极目标。

2020 年 9 月

（单霁翔，中国文物学会会长）

湖山佳趣图（局部）

目　录

第六章

花石：园林宫殿的草木传奇

第七章

揭秘：皇宫禁地的庐山真面

杭

州

风

迹

H A N G

Z H O U

V

第一章

南渡：赵宋政权的生死挣扎

上行次扬子桥，见一亲事官发言不逊，上掣手剑亲杀之。行至瓜洲镇，得小渡船，即乘以渡江。至西津口，坐于水府庙中，取剑就靴上擦血。百官皆不至，护卫禁兵无一卒从行者。

——《三朝北盟会编》卷一二〇

（建炎三年二月）壬戌，上至杭州。以州治为行宫，显宁寺为尚书省……上以百官家属未至，独寝于堂外，上御白木床，上施蒲荐、黄罗褥。

——《建炎以来系年要录》卷二〇

1. 一个王朝在"暮色"中的
艰难抉择

滚滚东逝水，料峭春风寒，苍茫暮色四合而来……

长江瓜洲渡口对面是镇江府西津口。宋代时候，西津渡在镇江府城西北三里，称作"西渚"，当地人称之为"西马头"。因为与江北瓜洲渡形成南北对渡，为津渡要害之地，朝廷便在这里设置了"西津寨"，有专人驻守。

但在这天，建炎三年（1129）二月三日，寨中竟然空无一人。夜幕渐重，渡口一带除了依然清晰可闻的江涛喧腾声，已不见人影。

金兵突然杀到江北，追杀官家①的消息，午后就传来了。镇江人奔走山谷，躲避兵祸，转眼间，镇江几乎变成了一座空城。

此时，一名头发散乱、衣衫不整的年轻人，却孤身一人坐在西津口的水府庙门口，疲惫之中透露出惊恐未定的神色，手中仍紧紧握着一把短剑。

这名二十三岁的青年就是当朝皇帝赵构②。寥寥无几的几个随从，或去寻找地方官，或去找吃的。他身边竟

① 官家，宋人对皇帝的称谓。

② 庙号高宗。

002

无一人。

这片刻的宁静也让赵构稍稍静下心来。他忽然发现，手上的短剑竟然血迹斑斑。

他回过神来了。就是刚刚过去的这个中午，正在扬州行宫里的他，猛然接到内侍邝询急报：一式快骑的金兵已突进到了咱们眼皮子底下，就快杀进城来了！

这消息不啻是一记晴天霹雳，扎扎实实吓到了赵构。正在床上与一名宠妃行床笫之欢的他，一个激灵跳起床，抢过一件衣衫披上，冲出门外。仓促间，他竟来不及叫上护卫禁军，更不及和大臣们打个招呼，只有正好撞上的都统制王渊率数名亲兵，以及康履等五六名内侍，一

南宋萧照《中兴瑞应图》中的金军骑兵。上海龙美术馆藏

起夺门而出，向瓜洲渡口狂奔。

途经扬子桥时，一名亲事官对他出言不逊，他一时怒起，一剑手刃了这名随从。亲手杀人，这恐怕是赵构此生的第一次，也是最后一次。可他究竟为了一句什么话，要对这名紧跟自己逃命的臣子痛下杀手呢？当时现场一片混乱，人人急于逃命，只知官家杀人了，却无人去理会官家为什么杀人。事后，也不可能有人站出来详细讲述或旁证此事的原委，所以历史再也无法还原当时的真实细节了。

赵构等人一路狂奔到瓜洲渡口，王渊找来一条小船，君臣数人这才得以强渡过了长江。

眼下这犹在剑上的血腥让人看着恶心，但这破庙中除了泥像，竟找不到一块可以拭剑的破布。无奈之下，赵构只得拿剑在自己的短靴鞋帮上使劲擦拭了几下。

赵构的南渡充满了仓皇和惊恐，带着凄凉和狼狈，其间还夹杂着血腥味儿。即使此刻已然登岸，他的焦虑和恐惧仍然挥之不去：江北的金兵万一这就渡江尾随追来，自己是向西，还是向南逃避？独坐于水府庙的赵构，开始拼命地纠结这个问题。

向西就是直往江宁府（今江苏南京），这是长江下游最具战略意义的一座城，龙盘虎踞的自然形胜也使得这个六朝古都历来都是稳固政权的大都市，扩张军事的大本营。而且，赵构现在如果从镇江走官道过去还挺便捷的，要不了半天时间就可以到达。

但是，一个绝不可忽视的问题是，你能拍胸脯保证对江的金兵就没有瞄上江宁府吗？没人能保证，也没人敢这样保证。金人清一色骑兵，来去更机敏更快捷，何况整个江面上看不到宋军的一只舢板，大金铁骑只要有船便过得江来。

那么向南，又可以去哪里？这时，一个人影突然浮现在赵构眼前。谁啊？曹勋！

那是在两年前的靖康二年（1127）四月，金兵撤离东京汴梁（今河南开封），将徽宗、钦宗及其皇子、后妃、公主等赵氏宗室以及部分大臣共三千多人，押解北上。

金人临走之前，扶持宋朝大臣张邦昌为傀儡皇帝，国号"大楚"。到五月初一，身为河北兵马大元帅的赵构眼看大宋朝要玩完了，自己作为唯一脱逃的宋室皇子应该担当起继绝传祚的使命，于是在南京应天府（今河南商丘）宣布即位，改元建炎——南宋由此揭开了它的历史篇章。

正在北上路途中的北宋高级俘虏们的队伍里，一名官职不大不小的官员利用押队金兵的一个疏忽，非常幸运地逃脱了。他就是赵佶身边管干龙德宫阁门宣赞舍人曹勋。经过两个月的辗转逃亡，曹勋九死一生，终于找到了正在应天府即位不久的赵构政权。

对赵构来说，曹勋的归来极为重要，因为他带来了一件背心，衣领上面竟然有太上皇（徽宗赵佶）亲笔书写的八个字："可使即真来救父母"。

"即真"就是即皇帝位，也就是说咱赵家实在没人了，就你老九^①一个人幸免于难，赶快继统大位，想方设法营救被俘的老爸老妈。徽宗这封信的核心意思是后四字。俘虏生活猪狗不如，哪是人过的，就盼着早日有人搭救，

杭 州 风 迹
H A N G
Z H O U

① 赵构是徽宗赵佶的第九子。

南宋萧照《中兴瑞应图》题头曹勋的墨迹，写于"靖康之变"三十多年以后，再次提到当年徽宗赵佶亲笔要求赵构即皇帝位的事。
上海龙美术馆藏

逃脱苦海。可是现实又很"骨感"，在赵构眼里，太上皇御笔写下的这"八字方针"被拦腰打了个对折：注意前四字，这才是眼下需要画重点的关键所在。

　　本来这大宋的皇位再怎么着，也绝对轮不到你赵构头上，你算老几啊？可现在"旧戏"彻底谢幕，"新剧"正式开锣。这前四字意味着，俺可以高光亮相历史的舞台，俺这皇帝身份具有十足的合法性，货真价实，绝对可靠。从今往后，天下一切不着调的非议可以休矣！

　　而后面那四字算是个"备忘录"，需要俺时时莫忘记，太上皇还有俺兄长赵桓，眼下正在那遥远的地方。虽然俺绝不做不孝子孙，但救命的事儿也不是说说就能搞定的。与金人死磕可行吗？本钱在哪里？总之，这事没那么容易！

事实上，他赵构要在十五年后，用议和的办法，才把自己生母从金国"救"回来。曹勋也参与了这事，功劳不小。赵佶包括赵桓，都很不走运，至死都没见着一线获救希望。绍兴五年（1135），赵佶因不堪精神折磨而死，只活了五十四岁。不过，赵佶的棺木和遗骸，最终给弄回来了，也算是魂归故国。此是后话。

赵构当时面对这个"八字方针"，内心难以言状，却让人看到了两行滚滚热泪。他一边涕泣，一边当场就把这份太上皇手书递给边上的几位大臣传阅。这来不及拭去的眼泪中，包含了激动，也包含了对相隔天涯的父兄的伤痛，充满了感同身受的悲恸。

赵构现在想起曹勋，是他当年报告过金人的一个"小目标"。原话应该是这样说的：

> 臣在虏寨时，具闻虏人言："金国择利便谋江南。"又曰："上界有天堂，下界有苏杭。"——其势欲往浙江。①

今天世界上华人圈耳熟能详的著名谚语"上有天堂，下有苏杭"，最早的版本就是曹勋转述的这个金人的说法。

曹勋当时向赵构传达的这段话里面有三个重要信息：第一，金国现在的"胃口"非常大，他们并不满足于"靖康之变"中向宋朝索要的河北地区，其眼光早已跨越了中原大地，将理想目标指向了更为富裕繁华的江南地区；第二，金人的口口相传，透露出江南这一战略性的目标范围又可以缩小到苏杭地区；第三，以曹勋自己的揣测，金人最想要去转一转的"天堂"苏杭，又可以进一步精

① "浙江"在此指杭州，它并非现在的行政区域概念，而是今天钱塘江在那时的实名。

确到杭州一地。

杭州，此时已经是一个令金人垂涎三尺的终极目标！而且事实上，后来在建炎四年（1130），兀术统率的金军主力再次南下攻宋，兵锋所向就是驻跸杭州的赵构。

曹勋官不甚大，但这收集信息和研判信息的本事还是很厉害的，"江南""杭州"两个关键词，向赵构呈示了极具价值的战略情报。虽然当时赵构对这个情报似乎并未引起警惕，但也促发他开始向地域范围更大的"东南"投放注意力。

2. 东南一隅走到了
历史的"前台"

赵构将自己政权的落脚点向"东南"转移，这个"东南"最初的实际概念指向是江宁府。曹勋是在七月二十八日觐见赵构的，而在半个月前的十三日这天，赵构以防备金人乘秋高气爽之际再来犯我为由，下了一道诏旨说：

> 朕将亲督六师以援京城、河北、河东诸路，与之决战。已诏奉迎元祐太后，津遣六宫及卫士家属，置之东南。朕与群臣、将士独留中原，以为尔京城及万方百姓请命于皇天，庶几天意昭答，中国之势浸强，归宅故都，迎还二圣，以称朕夙夜忧勤之意。

赵构说自己要坚守中原，要返回故都汴梁去，最终还要迎还北去的徽、钦二帝，却把元祐太后[1]以及自己后宫爱妃和禁军家属统统向东南转移，这种南辕北辙的举动明摆着是在为自己后撤做准备。这样一道人人都能看出言不由衷的诏旨，却是如何出台的？

这其实是时任宰相李纲的手笔。李纲在六月初一入朝拜相，第二天就上疏赵构，提出十大治国方略，其中在择都一节中建议，以长安为西都，襄阳为南都，建康[2]为东都。

① 哲宗第一任皇后孟氏，因被废黜，在"靖康之变"中免于被金人掳掠北上。后来又改称隆祐太后。

② 即江宁府，当时习惯上也称金陵，建炎三年（1129）改作建康府，今江苏南京。

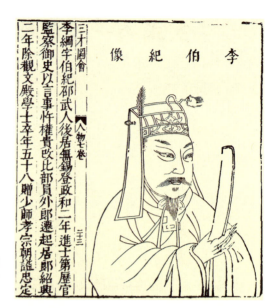

李纲像。来源：王圻、王思义《三才图会》

李纲这一主张的理由是，自古中兴之主大多崛起于西北，并以此占据中原而有东南，而如果起事于东南，则不足以收复中原并拥有西北，个中一大原因是天下精兵健马，均出于西北。但李纲的建议并未得到赵构的积极响应，赵构对他说，执政大臣中也有持论不同者，所以还是以后商量着办吧。

李纲入相一个多月，就把边防、军政等等要务安排得妥妥的，只差新的行都究竟落定何处，赵构仍没个说法。此时外间哄传元祐太后即将南迁过江，李纲觉得赵构必有南渡的打算，必须想办法堵住他的这条路，便找了个机会对赵构说，陛下，眼下咱们纵然不能向西争取西北关中上游之地，也该前往中游襄阳一带驻跸，以示不忘收复中原故土之意。然而最近外面议论纷纷，说是官家打算前往东南驻跸。果真如此，臣恐怕中原非复我有。

赵构听了很尴尬，也不好意思承认南渡的想法，便反复强调自己只不过是把元祐太后及六宫眷属迁往东南，还保证自己一定与大家共守中原。李纲要坐实赵构坚守中原的承诺，便请求赵构下诏昭告天下。赵构没办法，只好命李纲去草拟这道诏旨，你爱咋写就咋写。于是就出现了这样一个内容蹊跷的诏书。

可是过了没几天，七月十七日，执政大臣黄潜善、汪伯彦再度建议赵构往"东南"迁移。赵构便写了一道手诏，要往东南避敌。李纲当然不从，据理力争，最后赵构不得不收回手诏。

东京留守宗泽听闻此事后，上疏赵构的言辞更是不留情面，指出赵构这是在听从"奸臣"的话语，并直截了当点出在江宁府营缮宫室明着是为了奉养元祐太后，其实就是想跑路了。宗泽在此把江宁府这个具体地点挑明了，把"东南"概念写明确了，也是想引起社会舆论的关注，以堵住赵构的南渡之路。

李纲和宗泽因竭力主张收复故土，遭到了黄潜善、汪伯彦等人嫉恨，也不为赵构所待见。于是，没过多久，八月十八日，拜相只有七十七天的李纲被赵构罢免，一脚踢出朝廷。

这年十月初一，没有了李纲的"阻挠"，赵构向南而行，将他的行都定在了扬州。

这可是要远离故都、放弃汴梁的节奏，一直坚守在汴梁的宗泽闻讯后立即上疏劝谏，认为汴京才是天下腹心要地，绝不可放弃。一直到建炎二年（1128）七月，宗泽不遗余力恳请赵构搬回汴京老家，前后上了二十四次奏疏，但全部被黄潜善、汪伯彦所搁置。已经七十岁的老宗泽忧愤成疾，疽发于背，临死前没有一言提及家事，只是长叹道："出师未捷身先死，长使英雄泪满襟！"

连呼三声"过河"，愤恨而死。

相比应天府，扬州距离地处黄河"前线"的汴京更远，这使得赵构至少在空间上备感安全。

但金人不是省油的灯。当初金人撤离汴京时，扶持张邦昌的傀儡政权"大楚"政权坐镇汴梁。但张邦昌不得人心，迅速倒台。在李纲的坚持下，最后张邦昌伏诛于流放地潭州（今湖南长沙）。金人对此当然不会善罢甘休，从建炎元年（1127）十二月开始，金兵分道南侵，攻城拔寨，在军事上对宋朝始终保持着高压态势。

风声日紧之下，赵构听从御史中丞许景衡的提议，派专人过江负责修缮有长江天险可据的建康城，给自己留出了一条后路。

杭州第一次出现于南宋皇帝的视野中，是在建炎二年（1128）十月十三日。当时面对北方州县不断被金兵攻陷的形势，侍御史张浚建议应首先确定六宫将来的居所，省得万一局势恶化戎马倥偬，却叫后宫人拖了后腿，那才真的是狼狈不堪。

张浚并未提及六宫的具体去所，但赵构自有安排。他下令御营都统制苗傅和副统制刘正彦等，率兵八千护卫隆祐太后、六宫嫔妃和皇子前往杭州；而此时右谏议大夫郑毂请赵构渡江去建康府的建议，却未被赵构采纳。

赵构现在自己都不急于走建康府这条后路，并且六宫迁移不是去建康，而是去了杭州，说明他已意识到对金战争形势此时此刻正在变坏，在他心目中，杭州相比建康可能更为安全。

隆祐太后像。
台北故宫博物院藏

十二月初五，杭州第一次迎来了宋朝皇室成员，隆祐太后一行人在寒风中抵达这座城市。

当宋朝历史走到一个生死存亡的十字路口时，杭州这个原本被视作东南一隅的山水城市，却成为了这个王朝的最后选项，并由此走到了历史的前台，最终成为南宋王朝的都城。

安顿好了后宫眷属，赵构自以为后患不再、万事皆备了，但还是没有料到金兵会来得如此突然，令他险些就步了父兄两位皇帝的后尘。金兵花了一年多时间，一一拔除了宋朝在河北、山东等地顽强坚守的各个州县，到建炎三年（1129）初才得以腾出手来，集中力量对付尚在扬州的赵构。

这次金人真的是想弄死他！金国大将粘罕率军沿大运河南下击败宋军主力，刚刚渡过淮河后，就冷不丁祭出一招"斩首行动"，一支五百人的轻骑兵从天长军（今安徽天长）奔袭扬州搞"定点清除"，差一点点就得手了。

南宋宗室画家赵伯骕《番骑猎归图》，描绘一金人狩猎归来，正在整理箭羽，神情愉悦轻松。
但他身后驮着一只野羊的马匹却已疲惫不堪，鬃尾下垂，低首张口，可以想见刚经历的一
场激烈追逐，也可以想见金人对于猎物穷追不舍的那股狠劲。画中金人腰上别着两支箭，
箭头完全不同，显示了骑士娴熟和精到的射术。故宫博物院藏

这惊险万分的一幕令赵构惊心动魄，刻骨铭心，并
直接影响到他对未来行都的选择。

此时此刻，金兵的骠骑就在对江，而紧挨长江的建
康城还能安全吗？曹勋当年讲到的"天堂"杭州再次浮现，
并成为亡命天涯的赵构的首选之地。

3. "三江"险阻，
给了赵构安全感

　　镇江地方官终于被找来了，百官中如宰执大臣汪伯彦、黄潜善等抢过长江的人也渐渐都找来了。

　　当晚，赵构一行人被安排在府衙中歇宿。太祖赵匡胤的做派是"卧榻之旁岂容他人鼾睡"，而到了赵构这里，早已没了太祖的那张八尺卧榻，这府衙的木板床上更没有自己睡习惯的舒适寝具，冰凉得可怕，哪里还睡得下去？

　　这还在其次，金兵与这里仅一江之隔，随时都有可能过江扑来，这才是最恐怖的。而且，平时不缺嫔妃侍寝，都习惯了，现在自己独处一室，夜越深人越静心越慌，还睡什么？赵构现在竟已到了卧榻之旁无人鼾睡自己就无法入眠的地步，可哪个臣下又敢跟皇帝同榻共眠？幸好在百官中找到一位当曹官的宗室族亲，赵构总算有人相陪，熬过了令人不安的一夜。

　　次日一早本该早朝，却哪里还集得齐人？赵构只好召集能够找来的宰执、从官和诸将，在宅堂上开会。中心议题大家心知肚明，就是：追兵当前，何去何从？

赵构首先发问："眼下要么姑且留在此地，要么向南直接去浙中地区，大家意下如何？"这是一个试探性的提问。此时，他连江宁府提都不提，也不问现在假如留在镇江还能集聚多少兵力捍卫长江，所以镇江显然也不是他的选项，只有浙中才是他关心的方向，而在他心里，浙中的具体指向应该就是杭州。

此时已成"光杆司令"的都巡检使刘光世说："现如今俺的部属数万人加上两千多骑兵，都被阻隔在对江，没法渡过江来，这咋办？"说到这里还"拊膺大恸"，哭得一把眼泪一把鼻涕的。

刘光世这番说话答非所问，已经跑题了，但赵构看他悲痛得不成样子，想想自己无论走到何地，护卫确实也是一日不可或缺的，只好先讨论谁来负责江北诸军渡江的问题。

等到宰相黄潜善汇报说为诸军调集舟船抢渡长江的事已经搞定，赵构又赶忙叫大家回到是去是留的中心议题上。

赵构的急迫心理让大家对他的想法一清二楚，还需要讨论吗？吏部尚书吕颐浩出班拜伏不起，继而户部尚书叶梦得等三人也相从拜伏庭下，大家都趴在地上不说话。

赵构有点纳闷，问黄潜善这是唱的哪出戏？吕颐浩以首叩地说："臣愿暂且留在镇江为江北声援，不然，大家都逃之夭夭，金人乘势渡江，那场面就更狼狈了！"接着，中书门下和枢密院的高官也纷纷附议。

应该说，此时大家对前往"浙中"根本没有心理准备，赵构一时也想不出恰当的理由去反对留守镇江的主张，或者说也没有充分的理由去说动大家跟他一起直奔杭州。没办法，只好散会。

赵构还是太年轻，议事没经验，说动和说服别人的理由都没想好，就匆匆召人开会，结果搞得很失意，走也不是，留也不是，整个上午焦虑不堪。恰在这时，他面前出现了一个关键人物。谁？就是昨天一路护驾渡江的都统制王渊。

时近中午，王渊忽然跑来对赵构说："咱们暂驻镇江，只能守住这一个地方。但是如果金兵从再下游的通州一带渡江，先把苏州占领了，那就等于是抄了咱们的后路。真的要是这样的话，该怎么办？"没等赵构回应，王渊就自问自答给出了主张："还不如赶快就去杭州，

宋宁宗画院待诏陈居中《柳塘牧马图》，记录了不习水战的金人正加紧水中特训，以适应南方作战的水网环境。辽宁省博物馆藏

那里有'重江'险阻，更保险。"王渊的意思再明白不过：此地不可留！再这么傻乎乎地站着不走，一旦苏州被金兵抄了，大家只好散伙走人了。

王渊在此提到的"重江"是指"三江"，这是一个很古老的地理概念，历来众说纷纭。《禹贡》等早期古文献的说法是指太湖与江海之间的松江、娄江和东江。但其实这些水道千百年来多有淤塞或改道，"三江"概念由此定义不一。北宋王安石认为，应指义兴（今江苏宜兴）、毗陵（今江苏常州）和吴县（辖境大致为今江苏苏州吴中区和相城区）这三地的三条江。

王渊行伍出身，大老粗一个，他肯定搞不懂"三江"的具体所指，他所谓的"三江"当指太湖以东的平原地区，这里江河纵横、水网交织，构成了江南一大典型地貌。而王渊从其军事常识考量，抢占杭州，就可以广大水网地带为屏障。可以想见的是，以骑兵为主的金兵在这种河港湖汊地带作战，应当是很不爽的。到那时，南宋朝廷是走是留，就有足够的空间和时间去面对了。

王渊的提醒以及前往杭州的理由，首先得到了赵构身边内侍的赞同。于是，赵构赶紧叫人去召黄潜善。

这黄潜善是个宦途老手，赵构搬出王渊那套南下杭州的理由，他一听就明白赵构这是铁了心要去杭州了。今早官家还问是不是去"浙中"，这会儿都不再跟你玩概念了，直截了当就说去"杭州"了。所以，黄潜善立即表态说，王渊既然说得如此有道理，俺哪敢让陛下您继续待在这里？

赵构心里终于舒了口气。

4. 前程光明未点亮，
不期而至"灯下黑"

然而，赵构还是高兴得太早，杭州不是你想去就能去的，你问过其他人的感受没有？一个"灯下黑"的疏忽又差点叫他吃不了兜着走。虽然宰相大佬被你搞定了，但你征求过鞍前马后那些执刀拿枪的底下人的意见了吗？他们要是不同意呢，你皇帝想去杭州，也未必就去得了。

赵构几个人议事的厅堂外，此时正聚着一大帮侍卫，听说官家决定即刻动身向杭州开拔的消息，都放下脸了，有人禁不住开始涕泣，有人则破口大骂。骂什么呢？侍卫们大嗓门的声音入耳入脑，清清爽爽，就一个意思：舍得一身剐，要跟你皇帝拼命了！

猛然听到这么犯冲的话，赵构着实吓了一跳。他瞬间就想起昨天逃出扬州城时的那名出言不逊的亲事官。那时候跟随侍从寥寥无几，一个人顶撞官家可以立马让他去死。但现在不一样了，聚拢来的侍卫好大一帮，已经摆出一副要搞大事的阵仗，你杀谁啊？眼下这兵荒马乱的，想想史上死于乱兵之中的皇帝还少吗？赵构惊恐莫名，一面闪身躲到厅堂的屏风后，一面让中书侍郎朱胜非赶快去问个究竟。

侍卫都可以算作是皇帝亲信了，这时候却为啥要跟赵构拼命？

原来，昨天扬州那场雪崩式的大逃亡，导致了一帮侍卫也是只顾得自己仓皇逃命，现如今自家老爸老妈、老婆孩子有没有逃过江来，人在哪里，是死是活，一概不晓得。你皇帝的六宫家眷早送到杭州安排得妥妥的，可俺们的爹娘妻小也是人啊！总不能让俺们就这样妻离子散、背井离乡跟你上路，皇帝你也不能这样不讲理。非要去杭州，俺们就反了，谁怕谁啊！

朱胜非是位能干的官员，他也不回复皇帝，自己就拿主意"传旨"了，就两层意思：第一，你们不了解情况，官家已经有旨派船去专门载运众侍卫的家眷；第二，大家只要安分守己忠心耿耿，官家的意思，一旦驻跸事定，绝不会忘记各位的劳苦功高，一定优加封赏。总之，大家少安毋躁，把眼光放远点，只要跟着官家走，各位前途无量，加官晋爵人人有份。一场差点爆发的兵变就这么被朱胜非三言两语哄住了。

朱胜非回头再来报告这变乱已平的事，躲在屏风后边的赵构早听得一清二楚，让他打住不用再费口舌了，只是交待他说，刚才各位大臣既然已经说定了直奔杭州去，所以得辛苦你朱胜非暂且留在这里，等把众侍卫家小那些事情办妥了，你再来杭州。

当时这个朝廷去杭州也罢，叫朱胜非留下来善后也罢，抑或叫几个大将断后也罢，一概没来得及出具任何的书面文字，赵构这就上马一鞭，奔南而去了。

初四这天晚上，赵构一行人抵达吕城（今江苏丹阳东）宿营。这之后，他们沿着大运河一路径往杭州，初五至常州，初六至无锡。赵构初七至平江府（即苏州）时，才感到自己已摆脱金人的追杀，暂时安全了，便脱卸了一路穿着的铠甲，又换上了他的皇帝龙袍。

到平江府时，他已铁了心要把"户口"迁到杭州，至少杭州让他感到比苏州更安全。

这天，赵构召来正好在身边的集英殿修撰、提举洞霄宫卫肤敏，讨论去杭州的事。这卫肤敏原是赵构提拔在左右的亲信近臣，经常在赵构读书时，侍候伴读，解疑释惑，因此赵构对他的观念想法还是比较了解的，此时找他来商议，也就是想得到一些附议。

可是，没想到卫肤敏这时的想法却与赵构相左，他

南宋萧照《中兴瑞应图》中赵构南渡时的宿营场景。上海龙美术馆藏

倾向于将"行在"①定在建康，说杭州就是个小地方，地狭人稠，区区一隅，并非是理想的都城之地。所以自古以来，就没有哪位帝王会将它拿来作都城，只有五代吴越国钱氏，没办法了才选择了那里。所以陛下您如果到那儿，根本不可能有前途。

赵构听了顿时拉长了脸，你的意思是说俺去了杭州，就等于是吴越国的钱镠了？杭州和建康不都是江南地方啊，俺在杭州谋生存、求发展，就不能号令天下、恢复中原啦？再说了，俺历尽艰险好不容易才逃脱金人的魔爪，你又忽悠俺往虎口里钻，什么心态？

卫肤敏一看皇帝这脸色，知道自己的调门不对，马上见风使舵说："为眼前之计考虑，不如还是选择在杭州暂时落脚，看形势好转了再慢慢考虑去建康。"卫肤敏这么自相矛盾的一转圜，赵构这才放下心来，前往杭州的事总算没有节外生枝。

在平江府休整一天后，赵构换乘不用颠簸的交通工具舟船，由运河继续向南进发，经过秀州（今浙江嘉兴）、崇德（今桐乡崇福镇）、临平，终于在建炎三年（1129）二月十三日这天，如愿抵达杭州。

赵构一行人到杭州后，当地最高行政长官的州治衙署，自然就成为皇帝的行宫。同时，为了朝廷议事方便，尚书省官员被安排在州治北门②附近的显宁寺落脚。因为百官以及众侍卫的家属此时均未一同赶到，赵构不好意思安卧高堂，便在堂外铺床"露营"，度过了他在杭州的第一晚。仍然是一张白木床，简单铺上一张草席，一条黄罗被褥，独自入睡。但相比十天前在镇江的那个夜晚，今晚的他噩梦不再。

① 皇帝出行旅途中的临时处所，居住时间较长的，也可称作行都。

② 即后来的南宋皇城和宁门。

宋高宗赵构像。
台北故宫博物院藏

　　今天，我们历史地去看南宋王朝，虽然赵构在其政权的整个南渡和定都的过程中，充满了惊恐、狼狈、血腥和退怯，择都中颠沛流离、险象环生，并无数次遭受臣下的质疑和否定，也几度离开杭州移跸他处，但他最终还是选择了杭州并立足于杭州，这在客观上接续了一个险些被野蛮暴力打断的绚丽文化，开启了大宋文明新的崛起和发展之路。

　　在中国历史进程中，南宋在经济、文化诸多方面成就卓著，举足轻重。因此，赵构选择杭州，进而南宋最终定都临安的历史意义，不言而喻。

第二章

立足：筑巢凤山的地利人和

（临安城）其人至于今，忠以勤……劝于为善……南渡艰难之际，旄倪提携，左箪右壶，牛酒相属于道，顿首六虬之下，如见父母，誓有殒无贰。虽屡更大震撼，而莫之变。

——《咸淳临安志》序

忠实亭，高宗御书。……最上为御校场，宋殿前司营亲军护卫之所。

——《武林梵志》卷二

1. 两幅宫廷绘画隐喻的
历史"标签"

山水之间帝王家

H A N G

Z H O U

一缕飘忽的甘甜香气，把赵构从黎明的睡梦中逗醒了。

这是绍兴八年（1138）新年来临的时候，也是赵构南渡长江以后的第九个年头。此时此刻，赵构远离杭州，身处抵近战场前线的建康城的行宫寝殿中。

他闭眼轻嗅，是龙涎香，他最爱的燃香。穿衣起床，洗漱早膳，之后准备上朝。走过书房时，他忽然瞥见书案上摆着两幅卷轴。身边内侍告诉他，这是刚刚送来的御前画院待诏①李唐和萧照师徒俩的两幅新作。他一听就来了兴致，让内侍赶快打开卷轴，先睹为快。

两幅绘画都是历史题材，李唐的是《晋文公复国图》，萧照的是《光武渡河图》。他还来不及细看，内侍就催促该去上朝了。

早朝中，大臣们的一个重要议题是，鉴于当前形势与任务的需要，"行在"驻跸地的尽快确定并昭告天下，应是重中之重的大事。赵构对此只是说了声"知道了"，却没有立即表态。

① 两宋皇帝设御前画院，院中画师称待诏，属宫廷画家。

其实，"行在"定位说白了就是大宋新都城的选址问题，对此他早有想法，但也没有想好。早有想法，是现在新的都城非临安莫属，这是已经不用犹豫的不二选择；没有想好，是一时没吃准该用什么恰当的词语，来表述"定都"临安这件事。

退朝后，赵构回到书房，见李唐和萧照的两幅画还在书案上，便细细欣赏起来。

展开李唐《晋文公复国图》全卷，赵构非常惊讶。这是一幅超长的绢画，用连环绘画的手法，"浓缩"了一个落难公子成功"逆袭"的故事：春秋时期晋国公子重耳被他父亲晋献公所逼，逃难在外十九年，最终得以回国即位，成为"春秋五霸"之一的晋文公。赵构还是第一次看到李唐用如此超常规的长卷形式，来描绘一个历史故事，很是意外。

另一个使赵构感到惊讶的，是画中人物形象的丰满多样，各具神情。李唐向来以山水画见长，那种大山大河峭劲的笔墨，雄峻的气势，在画院中独树一帜。但这幅长卷中，人物成为了主角，重耳的不卑不亢、有礼有节，左右的追随相从、始终如一，以及各国诸侯的世态炎凉、仕女的娟秀和顺、建筑的高雅精致、景物的虚实变化等，都刻画得细微生动，栩栩如生。

很明显，李唐想以这样"不同寻常"的画面和隐喻，唤起赵构对于晋文公一种见贤思齐的决心，奋发有为，收复故土。这与李唐之前创作的《采薇图》，取材伯夷、叔齐首阳山上不食周粟的典故，希望官家不向金人低头的用意，是一脉相承的。

萧照作为李唐的"关门弟子"，这些年师法李唐，

南宋李唐《晋文公复国图》局部。美国大都会艺术博物馆藏

作画非常努力，难得的是也非常肯动脑筋，加上李唐的倾心指点，所以画艺日渐提高，在画院中崭露头角。《光武渡河图》虽然没有《晋文公复国图》那种宏大规模，却能抓住光武帝刘秀奋勇破敌、强渡冰封的滹沱河的一瞬间，予以"高光"凸显，"全彩"描绘，有一种金戈铁马横扫冰河、勇往直前舍我其谁的英雄气概。

看到这里，赵构豁然开朗，一个久困于心的难题被解开了。

南渡长江一晃九年过去了，但一直以来，赵构的睡梦却很不踏实，梦魇如影相随，挥之不去。

当年从镇江风餐露宿赶到杭州，原以为接下来噩梦渐远，一切都会好起来的。却不料，美梦未成，惊梦却来得出奇的快。

赵构是建炎三年（1129）二月十三日到杭州的，才过了半个月光景，没喘上口气，就有很多人进言理当去建康安家落户，耳根清净不下来。三月份突然发作的"苗刘兵变"还差点要了他的命。

好不容易将这场兵变平息了，但接下来，赵构始终处于一种"南来北往"的不稳定状态。建炎三年（1129）四月份赵构复辟之后，鉴于自己一向畏敌如虎的熊样，也是导致这场兵变的一大原因，五月份他摆出了御驾亲征的阵势，离开杭州北上建康府，以示抗金决心。但在七月份，他做出了一个非常的举动，升杭州为临安府。这表明他仍然打算要回杭州住的。

可是在建康待了没过两个月，金兵大举杀来，他顿时慌张起来。十月初八，赵构又跑回了临安。但只住了七天，因为听说金军已经过了长江，正南下尾随而来，他便急忙渡过钱塘江，经越州（今浙江绍兴）向明州（今浙江宁波）逃亡。

这年十二月十五日，兀术率领的金兵攻破临安城，大肆焚戮一番后又向浙东猛追赵构。赵构跑到定海（今浙江镇海），登上一艘大海船，漂泊大海往南逃命。尾追而来的兀术也一头扎下大海，穷追不舍。于是，宋金两国第一次在海上硬碰硬拼杀。这次宋军的巨舰占了上风，不善水战的金兵无功而返，而赵构则于温州安全登陆。

第二年，建炎四年（1130）二月十三日，金兵自临安北撤，走之前在全城放火烧了三天，又大肆屠杀劫掠，临安人遭受了一场空前浩劫。三月，金兵沿运河北上，结果在镇江附近的黄天荡准备渡江时，遭到宋将韩世忠率领的八千水军的阻截。金兵这次亏大了，其小船不敌宋军海舰，溺死了不少人马。双方水陆相持四十八天，十万金兵险些被韩世忠"拦死"在江南，最终以火攻击败宋军，侥幸捡得性命逃回江北。

这年四月，赵构还驻越州。此后他在越州住了一年多，最终因为觉得越州漕运不便，在绍兴二年（1132）正月十四日，自越州回到了临安城。

虽然回到了临安，但在此后六年多时间里，赵构对"行在"的最终落脚地，一直未作定论。

这不是赵构不想有个稳定的居所，也不是赵构对临安城之外还有什么备选之地，而是与金人的战局长期吃紧所致。金国为了彻底解决南宋，使出了浑身解数，实行"全场紧逼"的攻势，从两淮、长江一直到四川的广阔地域上，火力全开，大打出手。这使得赵构不敢掉以轻心，必须打起精神来对付。尤其是长江防线，一旦再次崩盘，势必又要浪迹天涯了。所以为形势所迫，他不得不忽北忽南往来于临安、平江和建康这三个城市之间，竭尽全力稳住局面。

先是，绍兴四年（1134）金齐联军①从东到西掀起了一波猛攻。宋军浴血抵抗，双方互有胜负，战事胶着。为给前线将士助阵鼓士气，赵构于这年十月二十三日离开临安，乘御舟沿运河北上，四天后，即二十七日将他的行在搬到了平江府，算是一次御驾亲征。

进入绍兴五年（1135）后，经过多次攻守争夺，宋军基本遏止了金齐联军在两淮和长江下游一带的攻势，双方战事逐渐平息，于是二月二十三日，赵构返回临安。

但好景不长，绍兴六年（1136）宋金双方又重新开打。赵构只得再次御驾亲征，于九月初一离开临安移跸平江。一直到绍兴七年（1137）正月初一，赵构见金兵攻势已颓，便又将行在从平江迁往更北的建康，基本算是亲临一线了。

杭州风迹 HANG ZHOU

① 齐是金朝扶持的刘豫傀儡政权。

汉光武帝刘秀像。来源：《古先君臣图鉴》，明刻本

到绍兴八年（1138），南宋岳飞、韩世忠、吴玠、吴璘和刘锜等一批最强战将相继崛起，屡屡重创各路金兵，稳住了整个宋金战局。金人一时无法以武力消灭南宋，双方战事暂告一个段落。这时，行在的最终确认被提到了议事日程上来了。

但如何把这件要事说圆、说稳妥了，并不是一件容易的事。战局稳定下来本是一件好事，但以岳飞为代表的各路战将，屡屡提出要乘胜追击，收复中原的呼声日益高涨。这会儿就说在临安"定都"了，不等于是宣告放弃沦陷的北方故土吗？这要是引起天下负面舆论，就不好收场了。还有，俺这么多年筚路蓝缕坚持下来，也该有个自我形象的"标签"，否则的话，这"定都"就没啥内涵，意思不大。

赵构曾经把自己的想法跟几个身边替他拟写诏旨的中书舍人以及翰林学士说了，但他们写出来的文章总是不得要领。现在他看到李唐和萧照的这两幅画后，心里忽然有所觉悟。

晋文公忍辱负重、复国称霸，是春秋列国中的一段佳话，确实值得后世君王追崇，尤其是我大宋正面临九死一生的历史关头，这样的"榜样"拿来做俺的"标签"，一定能唤起天下更多人的拥戴。但转而一想，如果标榜自己是晋文公这样的君主，金人的感受又会怎样？你想复国，就意味着要把金人赶回老家去，称霸更是要把金人彻底打服、打趴下了才行。现在把这拿来做实际操作，可行吗？金人的攻势现在虽然被暂时挡住了，但自己要将对方揍扁了，显然不太现实。所以，晋文公顶多是个励志故事。

光武帝刘秀号称汉朝的"中兴"之主，这个拿来做

"标签"怎么样？如果从最现实也是最基本的继绝存亡这一目标定位出发，好像还是采用光武帝这个"标签"比较贴切。因为形式上俺定都杭州，与光武帝迁都洛阳是一个类型。而内容上就是向光武帝的"柔道"治国和休养生息看齐。这样对外就避免了用比拼肌肉的"霸道"来刺激金人，对内也满足了诸多文武官员常提起的"中兴"期望，也符合大宋一贯以来的基本国策"王道"，就是秉承儒家的"本乎人情，出乎礼义"，以仁义治国。

2. "定都"诏书透露了
一个"小秘密"

想明白了之后，赵构在二月初七离开了建康，二十二日重回临安。借此机会，三月二日，他下了一道发给各路宣抚使、制置使以及地方官员的诏书，称：

> 昔在光武之兴，虽定都于洛，而车驾往反，见于前史者非一，用能奋扬英威，递行天讨，上继炎汉。朕甚慕之！朕荷祖宗之休，克绍大统，夙夜危惧，不常厥居。比者巡幸建康，抚绥淮甸，既已申固边围，将率六军复还临安。内修政事，缮治甲兵，以安基业。非厌霜露之苦，而图宫室之安也。自今而后，应诸路宣抚、制置使等，其深戒不虞，益励士卒，常若敌至，以听号令；帅守、监司，其合力同心，共济军务。罔或不勤，以副朕经营之意。

赵构这道诏书的意思是说，别看我一会儿往北，一会儿又往南，忙得不亦乐乎，我这是在向光武帝刘秀看齐呢！这里明着赞扬光武帝是"上继炎汉"，实际的潜台词是说，俺赵构领导的这场大宋保卫战具有继绝存亡的重大历史意义，俺就是今天"中兴"大宋的"光武帝"。这就是给自己皇帝形象贴"标签"的概念。

接下来的意思是，咱们新的基业就确定在临安了，各位战斗在前线的宣抚使、制置使要继续激励士卒、常备不懈，各位坚守在地方上的帅守、监司们要加强团结、同舟共济。

请注意，在这个事关大宋未来命运和前途的重要文件中，除了一开始提到光武帝的定都之外，对于南宋自己则一字未提"定都"两字。

其实，赵构不是不想提，而是在此不能直截了当地提。你想想，要是真的说俺把新的都城定在了临安，那是不是意味着原来的都城汴京俺不要了？那被金人占领的广大中原地区，还有河东、陕西、山东等地，以及那么多被俘虏去的俺赵家父老兄弟姐妹们，是不是也都可以撒手不管不要了？假如真这么说，跟着俺赵构从北方失地过来的千百万臣民能接受得了吗？那还不乱翻了天！

所以，赵构只能委婉地说，俺这是在临安"定基业"，大家还得勠力同心，勤奋工作，争取能够打回老家去。而在正式的官方文书中，始终将汴京作为大宋国都。

不过，赵构在诏书中解释他返回临安"非厌霜露之苦，而图宫室之安也"，这句话却透露了一个"小秘密"，就是，他的皇宫那时在临安至少已有初步的营建，足以让人过上温饱不愁的小日子了。"宫室"的概念最初是古代中国人对居住建筑的通称，后来逐渐成为帝王、诸侯等统治者居所的专用名词。

这以后，临安的政治地位在官方的正式称谓中叫作"行在所"，简称"行在"，也即"行都"的意思，是皇帝出行时的驻跸之地，和"临安"的字面意思相仿，表示我这个皇帝人在旅途，只不过暂时以此为家、临时

"建炎后苑造作所印"铜印（背款：
少府监铸）。浙江省博物馆藏

安居罢了。

　　但是，无论你怎么说，南宋政权后来就把临安当成是正式的都城了。这主要是中原长期被金国所占，汴京故都虽然名义上仍是大宋京城，但让宋人觉得遥不可及。汴京的存在感越来越模糊，仿佛水中月、镜中花，有名无实。而同时行在临安的"京城"概念，却越来越现实，"京城""京师""帝京""神京"之类的首都称谓逐渐在各种层面流行起来了。

宋理宗赵昀曾在端平元年（1234），联合蒙古军将世仇金国彻底灭了。同年，自以为立下了盖世功勋的赵昀再次出兵，意图收复位于黄河以南的北宋三京：汴京、洛阳和应天府，但最终惨败于蒙古大军，汴京得而复失。次年，宋蒙战争全面爆发，宋朝始终处于劣势，被动挨打，汴京再无回归的可能。

原本有实无名的行在临安，就此真正坐实了大宋京城的地位。在蒙古人开始对宋人大打出手的同时，民间出现了耐得翁撰写的《都城纪胜》，写的就是临安城的见闻，汴京只是纸面意义上的"京师"，只是临安城的一个参照物而已。南宋晚期著名学者王应麟在《玉海》中叙述高宗驻跸临安这段历史时，直接就称之为定都。南宋末年官方编纂出版《咸淳临安志》，其中绘制的临安地图也直接称"京城图"。

后来清代康熙时钦定的大型类书《渊鉴类函》，干脆把绍兴八年（1138）赵构的这道诏书前面加上了标题，写作《宋赵构定都临安诏》，末尾又添上了"遂定都，故今以临安府为行在所"这么一段话，都可视为事实说话。

所以，直至宋恭帝德祐二年（1276）二月临安城被元军所占，临安成为事实上的南宋京城，长达一百三十八年。

南宋宫城后来也叫皇城，最早的营建时间在绍兴元年（1131），而且，它是在一块"白地"上全新营造的。

赵构在临安城最初的"行宫"是比较现成的。建炎三年（1129）二月十三日，他初到杭城时即以原杭州州治为行宫。这州治原先就是五代吴越国的王宫，所以基础完备，规制宏大，赵构在此起居应该是非常适宜的。

浙江省博物馆藏有一方"建炎后苑造作所印"官印，虽然它铸于扬州或杭州皆有可能，尚不清楚该印究竟用在何地，但由此可证明，建炎时期赵构就有相关"后苑"的建造和经营。

然而，后来金兵杀到两浙地区，赵构逃离临安。到建炎四年（1130）二月，临安城被北撤的金兵放火烧了三天三夜，原有州治建筑"焚荡之余，无复存者"，已是一片废墟。

绍兴二年（1132）正月十四，赵构从越州（今浙江绍兴）重返临安城。而之前，吏部侍郎李光被派往临安总领移跸军政要事，他当时向赵构报告说："临安经屠戮焚掠之酷，金碧之区，化为瓦砾。"所以，当时虽然南宋都城地位并未确定，但一个全新宫城的营造，在赵构返回临安城之前的绍兴元年（1131）十一月间，已经在临安凤凰山下拉开了序幕。

3. 走进杭州的那一天，
赵构被感动了

那么，问题来了，为什么是凤凰山呢?

南宋光宗赵惇时有位名叫赵彦卫的人曾有鼻子有眼地说，早在北宋政和五年（1115），徽宗皇帝派人在汴京景龙门之南、皇城的东北角堆筑一座人工假山，那形状就是仿造杭州凤凰山设计建造的，其中最高的一座石峰有九十尺高。起初这座规模宏大的假山就叫"凤凰山"，因为建于汴京皇城东北角"艮"的方位上，据说某神灵传话中有"艮岳排空霄"的说法，后来这座山便被改称为"艮岳"。

古人见水看山讲究风水，这赵彦卫也不例外。他说咱们临安城的凤凰山，皇城大内丽正门正面的那座"案山"，源头上就是天目山的天柱宫，也就是大名鼎鼎的洞霄宫那个位置（在近余杭与临安的交界处）。这条山脉一路向东逶迤而来，经过临安城钱塘江边的钱王郊坛一带的群山（今玉皇山以西这片山岭），落在临安城正南门嘉会门所在地包家山，才算是到了尽头。

他打着比方说，您瞧这大山大势，自西北而来，仿佛龙翔凤舞掀腾而下，一直到凤凰山这里才停住。再看整个凤凰山，它真的就像一只凤凰一样，山分左右两翼。山左的北翼有五个山包，大内在第一包，就像被凤凰美丽的七彩羽翅拥抱似的，第二包即寿域坊相府那块区域（今白马庙巷附近），第三包即太庙那里，第四包是执政府官衙一带（今太庙北侧），山包的末梢第五包就是朝天门（今鼓楼）；山右的南翼有四个山包，端诚殿（今八卦田附近）在山之右腋，后面也有一山包揽着，第二包在郊坛（今慈云岭南麓），第三包是易安斋（今南宋官窑博物馆附近），第四包即御马院（今包家山南麓）。整个凤凰山放眼东南方向是东流的大江，背后又有一片西湖。有这样险峻而壮美的地势，这里才成为人文荟萃之地。

赵彦卫由此得出一个结论是，今天杭州之所以成为大宋都城，其实在汴京造艮岳时，就已经埋下伏笔了。

这个故事联系实际，听着好像还真有这么回事，但其实也就是宋朝很多人爱玩的穿凿附会那一套。不过，

从馒头山西眺凤凰山

从赵构的心理感觉来说，看到凤凰山想到汴京艮岳，甚至路经或听到杭州的艮山门，联想起故都当年自己曾游历过的那座精美的假山，都有这可能。

只是，赵构初到凤凰山下的杭州州治衙署落脚时，对"凤凰山"这个名字有无引起譬如"凤凰涅槃"抑或"大宋中兴"之类的遐想，或者是否由此勾连到他老爸徽宗皇帝建造艮岳而无端生出的那个花石纲，那出民怨沸腾天下动摇的"闹剧"，那就只有他自己知道了。

那么杭州百姓对赵构会有怎样的一种态度呢？

那天，建炎三年（1129）二月十三日，赵构第一次抵达杭州。从扬州渡江下江南以来，他完全处于一种逃命状态，一路的颠沛流离让年纪轻轻的他变得非常敏感。杭州会是一座怎样的城市？那里的人会接受自己吗？他一直揣测不定，惴惴不安。

可是还没进城，他忽然心情大好起来。

原来他现在才知道，杭州设有仁和、钱塘二县，"仁和"这个名字，使他脸上顿时有了笑意，说这"仁和"不就是俺们开封府的老城门吗？他记得，当初太祖皇帝陈桥驿黄袍加身后，回兵开封城就是从仁和门[①]进城的，由此开创了大宋基业。

现在，他从杭州"仁和县"联想到当年开封的"仁和门"，仿佛有一种吉兆的光芒，忽然点亮了前程——杭州，这地方好！

他觉得选择杭州应该是选对了，这里值得俺赵构安身立命。

① 太平兴国四年（979）改名丽景门。

而当赵构的御舟从余杭水门（今武林门附近）进入杭州城后，眼前的一幕使他不是高兴，而是感动了。

官府并未把官家即将抵达本州的消息广而告之，毕竟他的南渡逃亡并非什么可喜可贺的事。可是，杭州百姓风闻官家将来本州，都有些惊奇，呼朋唤友赶来一睹天子风采。虽说杭州早就是三吴都会、东南第一州了，但杭州人从未指望官家某一天会来。上一次驾临本州的皇帝，用杭州人的说法，那已是"姚园寺巷"的事情①，是远在一千三百多年前的秦始皇，那时本州叫"钱唐"，还没有杭州这名称呢。

然而，御舟进城后，杭州老百姓第一次看到的官家身影，却与想象中的样貌大相径庭——他消瘦中带着憔悴，沧桑中带着风尘，难掩的落魄让人不由得心生怜悯。

船过天水院桥、梅家桥（今天水桥和梅登高桥一带），向南拐进盐桥运河（今中河），两岸到处是奔走的人，夹河相迎，欢呼"万岁"。御舟过仙林寺桥和盐桥，在橘园亭（今平海路东端附近）泊岸，一行人准备换乘轿子，前往凤凰山下的杭州府衙。当赵构走上岸时，一群父老携儿挈女，带着他们最可口的美食和美酒，迎接这位风尘仆仆、一路亡命的落难皇帝，像是见到了自己的亲人一般。

赵构心里激动不已！

这场景让他看到了一个极为重要也是最为宝贵的东西：人心！

曾记否，赵构刚过江时，人还未到镇江，那里的人们就已纷纷逃往城外山中避祸，镇江几乎成了一座空城。

包家山南面现状

镇江人因为金兵逼近而逃命，对此赵构也无可奈何。但接下去到常州、无锡、苏州，一直到嘉兴，这一路上也没见有多少热心肠的人和多少叫他感到暖心的事。而赵构见到的杭州这一幕，恰恰就是他对于自己"新家"在天时、地利、人和的评估和抉择中，那至关重要的一环：人和。他真切地看到、感到和找到了。

杭州的人心向背，还表现在危难关头，有人不惜牺牲，顽强抗敌。

建炎三年（1129）十二月，兀术率十万金兵由独松关进逼临安府。此时赵构已渡江逃往明州（今浙江宁波），留守的知府康允之也不战而逃。在此危急关头，钱塘令朱跸集结了乡兵两千人，逆势迎战。杭州另一名小吏岳仲琚也挺身而出，捐献家资招募勇士三百人，推举金胜、祝威二尉为先锋，大战金兵，为城内百姓的转移争取更多时间。

最终朱跸、岳仲琚力战而死，金胜、祝威战败被俘，也不屈身死。这就是杭州人的忠义气概和人心所向。

南宋末年《咸淳临安志》总结杭州的世俗民风时，罗列了"忠以勤""劝于为善""知尊君而爱亲"这一连串的赞美词，并说五代钱王就是这样的代表人物。而南渡之际，"杭独为天下先"成为"行在"，还缘于当时杭州人对大宋忠贞不渝的优良传统，给人印象太深刻了。

回过头再看赵构选择的凤凰山，如果说"人和"是高宗选择杭州的必要条件，那么凤凰山这片山水则成为这一选择的"加分项"。地土之美移风易俗，人情之淳滋山养水，凤凰山之所以最后得以让高宗及其后任皇帝们都安居在此，其早已融为一体的优越自然形势和悠久人文积淀，也起到了不可或缺的作用。

凤凰山正南"下瞰大江，直望海门"。这是自然地理，也是自然形势。"下瞰大江"意味着三面而围、两翼展开、一面向阳正对钱塘江，这天生就是一个宜居养生和就近泊船航渡的绝佳之地。这样的地理位置和形势对时刻提防金兵追杀的赵构来说，太重要了！"直望海门"正是避敌时远走高飞的路径和方向。

而从杭州城市发展史来看，北宋时这里就是杭州州治所在地。再之前，当时杭州的子城吴越国钱镠的王城，就建在此地。再再之前，隋文帝开皇九年（589）改钱唐郡为杭州，两年后的开皇十一年（591），杨素将杭州州治迁移到了凤凰山下柳浦西一带。到唐朝时，沿袭隋朝州治的定位，一直就没有离开过。

所以，从史上第一次出现杭州这个名字开始，直到

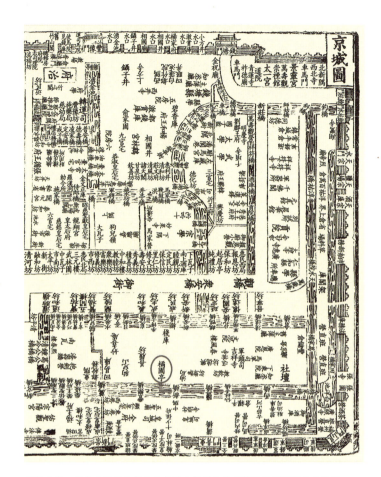

建炎三年二月十三日赵构御舟从余杭水门进入杭州城后的行驶路线示意图。
底图为宋版《咸淳临安志·京城图》

两宋之际这六百年间，凤凰山麓一带都是当地最高官署府衙的处所。州治及凤凰山一带在唐代就有高斋、望海楼、清辉楼、虚白堂、因岩亭、忘筌亭等建筑。五代吴越国时新建了中和堂、碧波亭等建筑。北宋时又建有南园巽亭、望越亭、曲水亭、清风亭、云涛观、石林轩、红梅阁、中和堂、有美堂、清暑堂等大量建筑。

如此现成的场所，对于赵构这一大批"不速之客"，在初来乍到时车辚辚马萧萧的匆忙、紧急、混乱之中，

北宋李公麟《西岳降灵图》局部。此画描绘道教中"西岳大帝"下巡的场面，一说为皇家出行的场景，皇帝扈从或与此画中人相类。故宫博物院藏

对于他们的生活起居和朝会办公所提供的便利，应该是最为现实的选择。

然而，对赵构来说，他最为看重的安全感，相当一段时期处于一种"不确定"状态。

绍兴二年（1132）正月十四日，他把"家"从绍兴府搬到临安城凤凰山下。在正式进入行宫的那一刻，他陡然又想起了自己第一次来杭州时，不期而遇的那场"苗刘兵变"。

"苗刘"就是曾在建炎二年（1128）十二月率兵护卫隆祐太后和赵构六宫眷属来到杭州的御营都统制苗傅和副统制刘正彦。

赵构当年在应天府即位后，在缺兵少将的形势下，对手头上有几杆枪的苗、刘二将比较倚重。赵构一路南下，他俩率兵一路追随，后来赵构干脆把他俩的军队编成宿

卫禁军，让苗、刘二人担任正副统制，等于是把贴身扈从的指挥大权给了他俩。

建炎三年（1129）二月，赵构为逃避金兵追杀，渡江来到杭州后，苗、刘二将却对他超常规提拔一路聚敛钱财的王渊，以及倚重宦官、冷落官兵的做法十分不满。再有就是看不惯赵构畏敌如虎，不思收复中原。于是在三月二十六日突然发动兵变，截杀王渊，诛戮宦官，逼迫赵构退位。

近在肘腋的禁军发生兵变，使得赵构措手不及，他又一次陷入了人生中的一个至暗时刻。不过，这次赵构的运气还是很不错，内有应对兵变大牛人朱胜非替他出头，跟苗、刘二将虚与委蛇、巧妙周旋；外有文官大佬张浚、吕颐浩纠集韩世忠、张俊、刘光世等一拨当时南宋的最牛将领大举勤王，水陆并进，穷追猛打，最终剿灭了苗、刘二将，要了他俩的命。兵变被平息而赵构竟然毫发无伤，又继续当他的皇帝了。

苗、刘"作乱"虽然早已翻篇，赵构心里却落下了很深的阴影。这次重返临安，御营禁军别再出什么要命的事了，必须得有一名对自己忠心耿耿的人来统领。这人是谁呢？

赵构正为宿卫禁军将领候选人的事伤脑筋时，忽然收到一封张俊的奏折，里面说，近来他手上可堪一用的将领实在匮乏，军队战斗力一直上不去，希望官家能放还一个叫杨沂中的人，让他归队回营。看到杨沂中这个名字，赵构眼前跳现了一个身材魁梧、满脸大胡子的身影。

杨沂中原是张俊的部将，不但孔武有力，还读过不少书，比一般武将显得沉稳机敏。更重要的是，"靖康之变"

时，赵构在河北任兵马大元帅，杨沂中就已开始担起宿卫元帅府的重任，加班加点值夜班是常有的事。赵构觉得这人挺实在的。

"苗刘兵变"时，杨沂中又跟随张俊赶来救驾，立下了战功。建炎三年（1129）十二月，赵构被金兀术一直追到明州（今浙江宁波），关键时刻，又是杨沂中和张俊手下的其他将领，死命抵挡金兵，让赵构得以登船下海，逃离险境。

打那时起，赵构对杨沂中的好感不断加深，先后任命他为御前右军统制和御前中军统制，把他留在自己身边掌管行营护军，算是亲信将领了。

现在张俊要让杨沂中回去，赵构就犹豫了。他想了一下，然后吩咐内侍准备辇舆①，说要上凤凰山去。

① 辇舆，皇帝乘坐的车轿。

4. 凤凰山上最"深刻"的
两个字："忠实"

此时，正是早春二月天气，难得今天风和日暖，赵构便将此行当作了提早的春游。

一行人出行宫南门后，沿着宫墙外道路[①]，向西而行。地势渐高处就到了凤凰山脚，一名伶俐的内侍告诉他，上山之路古称"薜萝径"，山上圣果寺的外山门最初就建在山脚这儿，唐朝时的释处默还有诗说道："路自中峰上，盘回出薜萝。"赵构顾望路旁，满是松竹藤萝，一条溪涧相随于路边，飞鸟声脆，幽雅清静，心里一阵喜悦。

① 今宋城路，东起凤凰山脚路和笤帚湾路交接处，西至凤凰山下。

宋城路（自东向西看）

半道转过一座小桥，再往上转过几个弯，来到一平旷处，举头所见山头，石峰如屏，这便是凤凰山中峰。林木荫翳处，一座古寺显出楼阁一角——圣果寺到了。

建炎二年（1128）年底，因为金兵杀来，圣果寺人去楼空。到绍兴元年（1131）凤凰山被定为行宫所在地后，这里就成了一支护军的驻地。

如今这支护军的长官杨沂中，接到官家忽然上门的通报，急忙跑出寺院大门，将赵构迎进寺内主殿，安排

今日"薜萝径"

凤凰山圣果寺遗址残留的一池一井

上座，奉茶献果，然后叉手恭立一旁。赵构说自己也没啥事，就是见天气暖和，上山走走看看，然后有一搭没一搭地跟杨沂中海阔天空聊了起来。

赵构这是第一次和杨沂中这么一对一、面对面聊天。可聊着聊着，他发现这人还真不同一般，不是寻常那种赳赳武夫，还是有些内涵的。

譬如，赵构问这座寺庙叫圣果寺，又叫胜果寺，这究竟怎么回事？杨沂中说，圣果寺最初建于隋朝开皇二年（582），因为这里山景名胜远近闻名，所以最初名叫"胜果寺"。后来到了唐昭宗乾宁年间，有位无著文喜禅师来到这里，闭眼入定时，忽然感到眼前似有祥光闪现。他环顾四周，只见周围一片残垣断瓦，胜果寺已废弃多时了。既有祥光出现，无著文喜觉得该有因缘结果，便在原址上重建禅寺，改名为"圣果寺"。这让赵构觉得，眼前这位一脸胡子的大汉，做事很用心、很细心，对这里的环境甚至人文掌故都有一定了解。

又譬如，赵构问他籍贯何处，杨沂中说自己是代州崞①县（今山西原平）人。赵构猜想他应该是杨家的"沂"字辈，却故意问他名字中为何取"沂"字，还开玩笑说是不是将山西和山东弄错了？杨沂中答得很有文化，说自己父亲杨震读过一些书，特别喜欢《论语》中的那个段子，就是曾点说自己的人生理想是："浴乎沂，风乎舞雩，咏而归。"②暮春时节，在沂水里游游泳，在舞雩台上吹吹风，然后一路唱着歌儿回家。于是就有了他"杨沂中"这个名字。这样的回答加上这样的家庭文化背景，让赵构对他刮目相看。

还有一事让人太高兴了。赵构刚才在寺院门口附近的一块山石上，看到新刻着"皇宫墙"三字，觉得奇怪。

① 崞，音 guō。

② 典出《论语·先进》。沂，指沂水，今山东沂河。舞雩台，春秋时鲁国祭天求雨的祭坛，雩，音 yú，求雨的一种祭礼。

行宫南北各有城墙，东边有墙，唯独西边是以凤凰山为天然屏障，并无城墙修筑，这里哪来的"皇宫墙"？可杨沂中说了，天然屏障也得有忠诚可靠的人去守卫，自己带领的这支护军，应该担当起真正的"皇宫墙"作用，为官家站好岗、放好哨。

赵构颔首微笑，心里感到一种轻松和踏实。

聊了一段时间，赵构起身，想去山上其他地方看看。杨沂中却说，官家首次来这里看望弟兄们，大家感激涕零，希望官家能给将士们一些训示。一边书案上，早已摆好了笔墨纸砚。赵构也不多说，上前提笔舐墨，就要写字。刚要落笔，又端详了一下这张大纸，吟哦片刻，这才凝神运气，控腕走笔，端正工稳地写下了"忠实"两个大字。

凤凰山圣果寺附近的
摩崖石刻"皇宫墙"

赵构的意思非常明白，宿卫护军是他最核心的护卫，你们必须赤胆忠心、坚如磐石，要让他觉得这支队伍的忠诚和坚实，绝对可靠。

接下来，杨沂中自然担当起赵构游山的向导，从圣果寺边上的吴越国"三石佛"，到北宋大书法家、杭州知州蔡襄留下的摩崖石刻"光影中天"，从"月岩望影"的天地奇观，到将台山"排衙石"的钱镠故事，这凤凰山上的名胜与风景，他如数家珍，让赵构不住地点头称好。

下山时，又回到了圣果寺附近，赵构走得热了，忽然觉得有点渴。大家这时发现竟然没带饮水，顿时手足无措，慌乱起来。可杨沂中镇定自若，引赵构来到一处山崖前，指着一洼嵌于苍苔润石立壁之上的泉水说，这是"郭公泉"，是与西湖葛岭炼丹的葛洪同时代人郭文所凿，虽然水量极小，涓涓细流聚此才盈盈一掬，但久旱不涸。赵构见泉水清澈可爱，宛如燕窝巧营悬崖之间，心下既新奇又喜欢，忍不住捧起水喝了一口，顿觉清口甘美，浑身爽快。

凤凰山圣果寺附近山崖峭壁上的一洼泉水

摩崖石刻"光影中天"（月岩附近）

月岩（右下为局部放大的"月崖"题刻）

将台山山顶平展，曾是吴越王钱镠讲武之地，南宋时为御教场，孝宗曾在此习武阅兵

将台山排衙石，为山顶平地中冒出的十多株石笋，队列两排，中有甬道可通，好像衙役两列排展，故名"排衙石"

回宫的路上，赵构听那辇舆一路发出的"咯吱、咯吱"声，感觉有一种音乐的韵律，悦耳动听。

几天以后，赵构忽然接报，说是山上杨沂中在圣果寺一条路旁的石壁上，刻了两个大字。啥字？就是那天赵构题写的"忠实"二字。

把官家御笔刻石立碑，在那时原是常见之事。但杨沂中将这事做得不同一般。他找来刻石名匠，将赵构墨迹放大到每个字足有二尺见方，再进行摹刻。而关键不在字大，在于这两字的笔画被镌刻得极深，比凤凰山上的其他摩崖石刻的字口，都要深刻许多，仿佛要刻进石壁肉里似的。

圣果寺遗址北侧的吴越国三石佛造像残迹

摩崖石刻"忠实"，是凤凰山上众多文化遗存中的一个点睛之笔

① 除了本书第一章中讲到的赵构在镇江遭遇的那次险些爆发的兵变，以及赵构刚到杭州就遭遇的"苗刘兵变"之外，建炎三年年底赵构在明州（今宁波）准备登舟下海逃避金兵追击时，又遭遇过一场未遂兵变。

赵构听到这一消息，心里大为感慨。"忠实"这两字能被刻得入"石"三分、如此"深刻"，对他来说，杨沂中的这番操作很有"分量"。

如果说临安城老百姓的"忠实"之心，业已为这座城市筑起了一道厚实的"外城墙"，能让赵构放一百个心，那么行宫这"内城墙"一直以来就没有真正让他感到踏实过。南渡以来，赵构一而再再而三地受到护卫兵变威胁，每次都搞得他心惊肉跳，愤懑不已。①

现在，终于有了一个杨沂中，他将"忠实"二字以一种非常操作刻写于石壁之上，这是要将这两字铭刻在他以及护军将士的心里，真正打造一堵坚实不坏的"皇宫墙"。

赵构找宰相吕颐浩就杨沂中担任宫中宿卫要职一事作了商议，最终君臣意见一致，决定授予杨沂中"神武中军统制"的官职，这等于是将整个行宫最重要的护卫指挥权交给了他。

但张俊仍三番五次向赵构要人。这天朝会上，吕颐浩正要宣布对杨沂中的最新任命，张俊却卡在他之前又提出让杨沂中归队，还列举了一大堆正当理由。这一来，吕颐浩尴尬了，说也不是，不说也不是，又不能收回成命，只得将任命书藏在袖中，悄悄塞给杨沂中，想要将这事蒙混过去。

吕颐浩的"小动作"偏偏给赵构看到了，他脸上一下子挂不住了。老吕你也真是的，为俺的行宫禁卫安排个统制官，有啥好怂的？是他"张家军"重要，还是俺的行宫重要？他憋着火冷冷地说："宿卫乏帅，朕就选定杨沂中了！"

可是底下杨沂中还要谦让，说是大将韩世忠啦，张俊啦，都是比他更合适的人选，自己资历太浅，不堪大用。张俊又"复述"了一遍刚才的陈词，絮絮叨叨个没完。

赵构眉头都拧紧了，一摆手，斩钉截铁地说，杨沂中授为神武中军统制，这事不变了！然后叫内侍从杨沂中手上取了那份任命书，当众宣读，随即退朝。不跟你多啰唆，也不给你解释的机会，就这么简单粗暴地把杨沂中留下了，只剩张俊一人独自郁闷。

杨沂中后来又出任更高的官职——殿前都指挥使，他的殿帅府就一直设在边上崖壁刻有"忠实"二字的圣果寺。终宋高宗一朝，他一直是赵构最信赖的贴身领兵大将，赵构说三天不见他，寝食不安。甚至，赵构还把他的名字改了，叫作"杨存中"。至于为什么不把"中"字索性也改成了"忠"字，这也是留给这个已改名为"杨存中"的大胡子的一个问题，你得时刻反省自己，是否真的存有一颗忠贞不贰的"心"？

忠君和爱国，在那时基本上就是一个意思，而且忠君相比爱国，更具有明确而清晰的对象。南宋军民抵抗

摩崖石刻"凤山",淳熙十四年(丁未年,1187年)春洛王大通书

侵略、保家卫国,其实很大程度上表现在对于皇帝的忠诚和拥戴。甚至也有因为对皇帝唯命是从而是非莫辩的事情发生。就以杨存中来说,他对赵构确实是忠心耿耿的,但他唯上之命做下的一些事,譬如因为奉命监斩岳飞,后人就给他的人品作了"差评"。

而在当时当地,当民心和军心这两个层面在忠君、爱国这点上相向而行,夯筑起一道以"忠实"为硬核的"城墙",赵构"定居"杭州凤凰山下的必要条件,也就水到渠成了,这也是他能够每天晚上无忧酣睡的"安眠药"。

就赵构的整个南渡经历而言,待人和事定,他这才对凤凰山的这片好山色、好胜迹,有一份亲近感,并且对最终安身立命于临安这座自古繁华的城市,也有了一份踏实感。

第三章

营建：草创时期的厉行节俭

（绍兴元年十一月）十二日，都省言：「徐康国欲添造共百余间，杨公弼欲造三百余间，比之康国数多二百，窃虑难以趁办。」诏依徐康国措置。

——《宋会要辑稿·方域》

徐康国自温州奏，发宣和间所制间金销金屏障等物。上命止之，而康国已津送至行在。……诏：屏障令临安府毁弃，康国特降二官。

——《建炎以来系年要录》卷五四

1. 一百间！三百间！
一场激辩难以调和

临安府代理知府徐康国非常恼火，一份已经深思熟虑的"行宫营缮擘画"（即行宫总体规划方案），明天就将上报尚书省了，却被人横插一杠，给废了，自己这些天来夜以继日的苦心经营，等于是被一笔勾销了。

被徐康国视作横插一杠的这个人，是官家差遣过来的一个内侍，叫杨公弼。

徐康国时任两浙转运副使。这转运使是个手上有钱有权的官职，地方上的财货、赋税和钱粮他都有权征收、调遣、纲运和分派，俗称"漕官"，一向很牛。

官家想要在临安建行宫，钱粮开销极大，用漕官来具体负责这桩事就比较顺当。于是，三省（即中书省、门下省和尚书省）长官一致推荐徐康国承领这项重点工程。为了能够指挥和协调临安本地各方关系，索性让徐康国兼任知临安府，该府所属各衙门你徐康国说了算。

徐康国在漕司也混了多年，官家这些年为了躲避金军追杀，四处移跸，居无定所，自己专业为官家扛"钱袋子""米袋子"，扛得也非常累。如今官家准备定居临安，让自己负责搞皇宫基本建设，这机会太好了！干得好，说不定我这副职就此转正了。

绍兴元年（1131）十一月六日，徐康国接受委任后一刻都没耽搁，兴冲冲地赶到临安履任了。他在凤凰山行宫营建工地现场办公，领着一帮属下白天上山下山，到处勘察测量，晚上又召集众人一起挑灯合议，拟订规划，绘制图纸，干得很带劲儿。

可是他前脚才到凤凰山，后脚就跟来了一个人。十一月八日，赵构忽然想到，俺这宫室可是打算长住的，那徐康国从未搭手过宫中事务，属于"外行"，得有一个"懂行"的人在边上帮衬他。于是，赵构临时下了一道诏旨，调派内侍（即宦官）杨公弼前往临安，与徐康国一同负责这项工程。

这一来，出问题了！

赵构这道诏旨并未说明徐、杨二人谁正谁副，只是要求两人一同"措置"。徐康国先来的，自然没把后来的这位"同事"太当回事。这杨公弼还在汴京时，就一直跟在赵构身边，熟知宫内一应事务，老资格了，也是自视甚高，全不把徐康国放在眼里。

十一月十八日，干事麻利的徐康国率先拿出了"行宫营缮擘画"及其附图，叫属下拿去给杨公弼看。杨公弼看了一会儿，不置可否。却一转身，带几个人去凤凰山转了一圈，最多也就花了半天时间就回来了，然后直截了当发话：这方案不行！

怎么不行？徐康国有点蒙了。这方案是自己亲自踏遍凤凰山角角落落，经过实地考察，又结合自己多年宦途经验，加上对眼下整个大宋经济形势的研判，加班加点，短时间里赶出来的，非常不容易！其中附上的几张图纸，更是心血之作。可现在被你一个内侍就这么轻描淡写的一句话给否了？

杨公弼的口气却是毫不含糊，俺说不行就不行！

徐康国火上来了，我废寝忘食、夜以继日赶出这份

从馒头山方位西望凤凰山一带

从馒头山方位南望宋城路一带

从凤凰山东侧方位西看馒头山一带

从凤凰山东侧方位北望南宋皇城北区一带

营缮规划方案，你不给点个赞也就算了，却端着一副冷脸，全盘否定，你当我是给你打下手的不是？可冷静一想，这皇宫建来是给官家住的，官家身边的人觉着不行，那可能是有点悬乎。于是不得不放下架子与杨公弼论理。

两人一对话，双方认知的距离就出来了。问题的焦点在于，徐康国的行宫建造规模是大小宫殿屋宇一百余间，而杨公弼则一口咬定：三百余间，必须的！

凭什么？

杨公弼用一种高八度的嗓门说道，就凭这凤凰山左右前后九里之地，就要比京师（指汴京）故宫占的五里地儿大得多！你说，京师故宫都能建上三百间殿宇，这里怎么就不能建三百余间了？！

杨公弼的气势，还有明明白白的两个面积数据，就像"连环马"似的把徐康国给"将"住了。

"靖康之变"发生以前，徐康国进出过京师皇宫，虽然它面积具体有多大，他没有细究过，但大致规模凭印象，心里还是有点谱的。现在这临安凤凰山麓划定的新皇宫占地面积，他凭感觉确实要比京师故宫大一些。可他提的方案为啥就只建一百余间殿宇？

徐康国是有想法的人。这皇宫可是天下最最顶级的建设工程，哪有这么容易建的？得有巨额投入。可眼下大宋被金人砸得稀碎不堪，动荡不堪，哪来的巨额钱款？我是管钱粮的，这家底我太清楚不过。再说了，上头给的工期很短，要在明年一月初赶在官家移跸来临安之前，就得建好了，这事哪有这么容易？我不动脑筋就画上这三百余间的宏伟蓝图，届时因为没钱成了半拉子工程，或者无法按期交付使用，官家追究起来，谁来顶杠？我这副职也甭想转正了！

可是，眼面前这姓杨的家伙太精乖，得找正当理由对付他。

2. 汴京故宫"规矩"：
杨公弼如数家珍

徐康国振振有词道，本司有钱给官家多造几间像样的宫殿，您不说我也知道。叵耐时局板荡，国家艰难，也是百废待兴时候，哪儿都要钱，哪儿都缺钱。这行宫白手起家得花大钱，但我一时哪去弄那么多钱？待往后手头宽裕了，我自有理会。再说了，京师故宫那点地儿，哪能有三百间殿宇？

徐康国说手头缺钱是正当理由，但后面那个诘问有点损人，言下之意，你杨公弼提的三百间，纯属信口开河，诓谁呢！

哪晓得杨公弼原本就是汴京宫中旧人，徐康国质疑之处正是他烂熟于胸的一段"掌故"。他冷笑一声道，不怕你说俺"掉书袋"，俺可以扳着手指让你开开眼：

京师"宫城"实由万安宫、延福宫、九成宫等二十八宫建成，大小院落三十六。仅以宫殿论，有大庆殿、文德殿、睿思殿等一百四十殿。又有大小堂、轩、楼、阁、台、馆三十八处，点缀各式亭子二十九座。熙宁三年（1070），宫中左掖门、右掖门之南，为亲王、宰执、三司、开封府、翰林学士等职官办公场所，建成东府和西府，两府之内，大小屋宇各以百计。总和以上大数，三百之数早已过也！

杨公弼如数家珍。徐康国目瞪口呆，傻眼了。

杨公弼乘势反诘道，请问徐老弟，你那一百间屋子，怎么安排官家的前朝后苑？三省大佬、翰林学士，历来居于天子门下，你那一百间广厦，又将如何大庇官家的股肱大臣和饱学之士？最后还教训数落了一句：宫禁之地，殿宇楼台，官署廨宇，一切都有制度，哪由得你任意裁减？你懂不懂？

杨公弼"连环马"端的厉害，徐康国再次被"将"住了。

杨公弼所谓的"制度"就是营建规矩，还确实是那么回事儿。

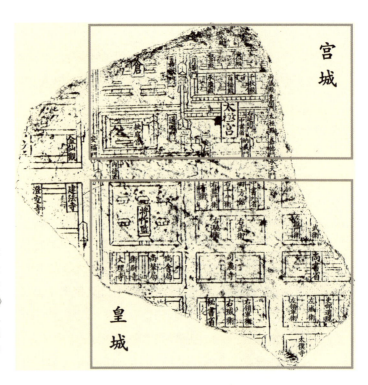

北宋元丰三年（1080）吕大防等绘《长安志·太极宫图》残碑拓片（反相）。原碑藏于西安碑林博物馆

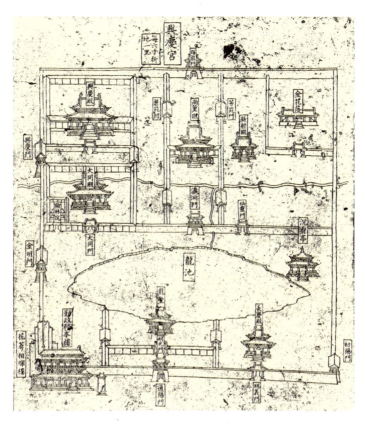

北宋元丰三年（1080）《长安志·唐兴庆宫图》碑刻（反相）。西安碑林博物馆藏

杭州风迹
HANG ZHOU

这里首先有个"皇城"与"宫城"的概念区分与变化。

皇城与宫城，在隋唐时为不同的两个概念。从唐长安整个都城格局看，有外城、子城和宫城，皇城属于子城。《唐六典》中对"皇城"的解释是："今谓之子城。"唐朝宗庙和官署（包括属于太子东宫的官署）等主要建筑，基本上都集中于皇城里，但其中没有皇帝宫室建筑。

宫城则是皇帝理政与起居所在，譬如唐朝初期的太极宫（包括东宫、掖庭宫），位于皇城之北。北宋元丰三年（1080）吕大防等人所绘的《长安志·太极宫图》，清楚地表明了宫殿棋布的宫城，与"里坊制"模式下官署集聚的皇城，一北一南紧挨共处，其间由一条横街分界。

还有，在宫城中往往也有重要官署存在。

如《长安志·太极宫图》所示，北部宫城并未把皇帝宫室与臣僚议事堂切割得泾渭分明，宫城禁地内也有官署所在，"太极宫"右下就标示着"中书省"。而《唐六典》记载"中书门下"说："中书门下凡有三所，并在宫城之内。"

唐长安另一重要宫城大明宫，也是附有官署区的，设有门下省、史馆、弘文馆、中书省、舍人院等机构和院落。而在吕大防《长安志·兴庆宫图》上，左边（西侧）大同殿区域，也有翰林院的存在。

北宋宫城承袭唐制有过之而无不及，也设有政事堂

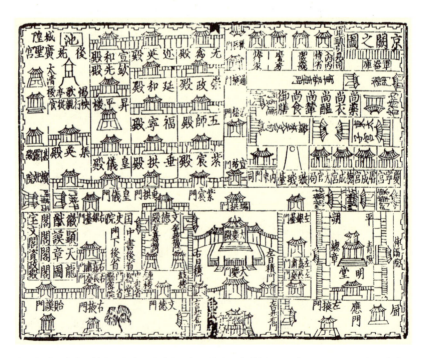

陈元靓《新编纂图增类群书类要事林广记》记载的汴京《京阙之图》，很明显，北宋大内格局对照唐长安太极宫和大明宫的布局特点，在有关朝政的事理逻辑上是一脉相承的。元至顺年间西园精舍刊本，日本国立公文书馆藏

等中央官署区，尚书省、门下省等重要官署在宫城（禁中）内外均有设置。如今我们从元代陈元靓《事林广记》中保存的一幅《京阙之图》上，大致可见北宋宫城的格局和式样。

现在，杨公弼这么一讲"规矩"，徐康国头也大了，却又不甘就此认怂。

他觉得自己这个方案至少有两个很靠谱的理由，是站得住脚的：其一，眼下朝廷财力确实有限，这是现在谁都挠头的实际问题；其二，凤凰山这地儿哪能跟汴京故宫地处一片平原可比，这里可是起起落落的山丘地带，行宫"容积率"没法做到最大化，想要漫山遍野全盖上房屋，我告诉你，这不可能！

于是，他以行宫营造方案需上交三省官员裁定为由，将"一百间"与"三百间"的矛盾上交了。

3. 吕颐浩讲了一个
太祖"骂娘"的段子

十一月十九日，宰相吕颐浩同时收到了徐康国和杨公弼有关"行宫营缮擘画"的建议，并很快弄清了这两人的矛盾焦点所在。他捋了一下思路，然后去找官家赵构了。

赵构看了"行宫营缮擘画"之后，问吕颐浩怎么看。吕颐浩清了一下嗓子，给他讲了一段故事：

说是建隆年间（960—963），某天太祖皇帝寝殿里的一根大梁有些损坏，负责修缮的三司衙门派人勘察后，认为虽然问题不大，但事关官家的生命安全，需要马上换梁维修，而且一般木材不堪其用，须用足够大的木头来更换，借此机会，也给官家的寝殿好好翻新一下。于是三司官员上书请求立项拨款，去找一根两人合抱的巨材，截取一段来换梁。

谁知太祖皇帝见到这份报告后，恼了！大宋刚刚立国，四方割据未服，天下一统正是急需用钱的时候，你们却大手大脚，就会暴殄天物，不会去找根大小相当的木头来吗？一群败家子！他在报告上大笔一挥："截你爷头，截你娘头，别寻进来！"骂爹又骂娘，叫三司别不动脑子胡来，小心挨揍。

他还下了一道诏旨，要求三司衙门今后只有大庆殿和文德殿这两座宫殿需要换梁换柱，方才许用粗大的木材。他那寝宫截木换梁的事，就此作罢了。

赵匡胤是聪明人，这换梁的事在他眼里，其实并非仅仅截斩几根木头那么简单，这里面还蕴含了因材施用的"用人之道"。另外，这大庆殿和文德殿是什么地方？前者属于宫中外朝最重要的正殿，国家重大活动和宣告天下大事，均在此举行。后者是正衙，皇帝与群臣每天在宫中正经办公，均在此地。所以这两个最重要的政务宫殿，是需要重点保护的，不能出一点岔子。

现在你们这帮人胡乱用钱，糟蹋良材，给人的印象却是，俺这皇帝只是个一味蛮干的蠢货，与明君圣主不沾边。

所以，"角色"意识很强的赵匡胤"小题大做"，借题发挥，又是骂娘爆粗口，又是下旨立规矩。所以后来深明此理的仁宗皇帝也旧事重提，下敕令向三司重申："今后宫中屋宇修缮用材，敢以大截小、以长截短的，并以违制论！"这都是为了表明自己的勤俭节约和用人之道。

吕颐浩现在为了行宫营建拿这个段子说事，这里面赵匡胤节俭这层意思，才是需要画重点的。

有先辈的"榜样"摆在那里，这行宫该怎么建，赵构再明白不过了。而且，自己也该借这次移跸临安、营建行宫的机会，建树一种"俭德"的风范，这是比建起行宫本身更重要的事儿。

《尚书》中有"农工之事，以喻治国"的说法，可见古人早有将建筑的科学营造，视作治国之道，两者有共通之处。右图：墍，音 xì，用泥抹涂屋顶；茨，用茅或苇覆盖房顶。左图：丹腹，涂饰颜色。来源：清孙家鼐等编《书经图说》，光绪三十一年（1905）内府刊本

于是在次日的正式朝会上，君臣很快形成一致意见：行宫总体建设思路，就按照徐康国提出的新建一百余间殿宇的方案实施，务要简省，更不得华饰。

赵构还派专人告知杨公弼，行宫只需要按照"草创"时期的要求来建，能够遮风避雨就可以啦。

官家发话了，杨公弼知道争也没用。但他说有个细节须得明确了，就是这一百多间殿宇的梁柱，还有各处的围栏、宫门、墙面等，按照故宫成例，都得用上朱砂漆，可现在一时半会儿根本弄不到那么多朱砂，虽说是"草创"，总不成弄个毛坯房交付使用吧？

这边赵构说了，那没关系，不是说附近州县有土硃（一种红色矿石）吗，拿来用就是了，也是用材所长，物尽其用嘛！

徐康国提出的"一百间"方案就这么定了。

4. 取缔"误餐补贴"，
这个官员比较狠

　　三省当初推举徐康国总领行宫营建工程之外，还看中了管理官员人事的吏部侍郎李光，让他总体负责临安府在整个官家移跸过程中的诸多军政要事，既要节制临安城内外的诸军驻扎事务，也要督察整个行宫营建的工期和质量。为了方便李光处置事务，还让他兼任具有财政权力的户部侍郎一职。

　　为什么要委派李光去临安节制军政要务？因为这位上虞人是个正人君子，向来秉公执事，耿直敢言，还勤勉有为，朝野的口碑很不错。

李光像。秦桧当政，李光被贬谪，客死他乡，孝宗时赐谥"庄简"

李光到临安履任后，以不扰民为办事原则，各项军政事务干得顺风顺水，有条不紊。但他还是被两件事给惹毛了。

第一件事，还是有人偷偷摸摸在"一百间"上动手脚。

徐康国提出的"一百间"方案，李光举双手赞成，认为这样才能体现官家和朝廷爱惜民力的德行善意，堪为天下树立榜样。

然而，这"一百间"方案在具体营造过程中，李光却发现了有人暗中动了"手脚"。前些天刚裁定的"一百间"营建图纸被人修改了，在现场施工工地多出了很多殿堂。而且李光发现，为了尽快让这些"多出来"的殿堂成为事实，转运司和临安府的官员指派了大量民夫工匠，加班加点连轴转，车运了大量木柱进了工地。就这一项"抢运"梁柱木料的活儿，惊扰百姓，怨声载道。

再一细察，李光惊呆了，这"多出来"的项目图纸上，赫然盖着官家印玺，并且绕过自己这个移跸事务的总责任人，直接付诸实施了。

过分啦！

李光立即上奏赵构，要求裁减行宫营建中那些"暗度陈仓"的添加项目，希望既定的"一百间"方案莫要成为一纸空文，官家您的"恭俭之德"也莫要成为虚文幻影。还有，即使确有需要增建的项目，也应让我预知了。

李光把"修改"图纸这件上不了台面的事儿，在赵构面前直接给挑明了，这使得一些人再不敢轻举妄动了。

第二件事，一帮监工的"误餐补贴"不合规。

十一月二十一日，有圣旨准许修内司兵士每天补贴伙食费一百文。

这一来，工地上一批监修官（包括工程监理、施工员、督工、医务、物料统计、伙食监管等头目）心里不平衡了。修内司因为是官家身边的衙门，就有这等特别待遇，俺们监修官也不容易，派工派活还要督查，委实辛苦，责任也大，难道还不如修内司一个兵士？于是吵嚷着也要享受同等待遇。俺们每天不是来来往往奔忙在工地现场吗？就申请要个"误餐补贴"吧。

朝廷知道后，准了这项开支。但下发文件却很"大方"：总监修每天"误餐补贴"一贯（一千文），其余监修和差役共三十一人，每人每天二百到三百文，合计这项开支每月五百余贯。

但李光觉得，监修官辛苦不假，但他们的工薪本来就比一般工匠民夫要高，工程结束时，凭朝廷用工合同，还能再领一笔不小的"券钱"（即赏钱），现在朝廷再许他们加领"误餐补贴"，数额还超出修内司的人数倍，最多的竟然超了十倍，实属"大手大脚"，也是巧立名目。

这种乱花钱的口子不能开！

于是，就为了这笔"多出来"的五百多贯"冗费"，李光再次上奏，要求坚决取缔，而且，在明年正月初五规定的工程竣工之日以前，更不许再添支"误餐补贴"之类的滥赏费用。

李光的严格把关、厉行节约，使得整个行宫营建没有再出什么幺蛾子了。

5. 徐康国拍马屁拍成了
"反面典型"

　　绍兴二年（1132）正月初五，除了一些军寨营房之外，行宫一百间宫殿屋宇，包括在临安城的百司用房的营建，如期完工。随后，赵构及其朝廷百官得以从绍兴顺利重返临安。

　　在这么短的工期内，在一片"白地"上完成了一座行宫营建，也是创造了奇迹，众人都很高兴。在这当中，有一个人是最得意的，他就是徐康国。自从他提出的"一百间"方案赢了杨公弼的"三百间"之后，他的骨头都轻了三分：您瞧瞧，官家就是仁德！知道我这里弄钱不容易，行宫营缮都省着用，将就着用，呵呵，这事成了！

　　然而，千万别以为他说的"这事"是指营建行宫的正事，他是另有其意，那就是想借营建凤凰山行宫之机，争取尽快被提拔转正。徐康国原本不是个崇尚节俭的人，这也是因为徽宗赵佶大兴奢靡之风，众漕臣不遗余力、殚精竭虑、劳民伤财，弄出个臭名昭著的"花石纲"，这穷奢极欲的脾性在那时候就惯养成了。

　　果然，很快徐康国就"来事"了。

　　临安凤凰山行宫是匆匆完工的，虽有百间房屋，但也就是为了最基本的遮风挡雨之用，因陋就简，都可称得上"寒舍"了。所以最多只能算作"一期工程"，需要拾遗补缺和完善完备的地方还有很多，譬如家居陈设等等内装修。

　　五月二十九日，以两浙转运副使身份在温州征收行宫装修材料和物品的徐康国，忽然向赵构发了一份奏报，说是近日在台州和温州收获可大了，别的不说，就说刚找到的一批螺钿镶嵌、剔彩雕漆木桌椅，一批镂金错银、掐丝嵌金的玉屏风，太稀罕了！这等绮丽韵致、巧夺天工的俊物，原是宣和年间（1119—1125 年，徽宗年号）

南宋漆器。上：南宋剔黑花鸟纹香盒，东京高台寺藏。中：南宋黑漆嵌螺钿人物纹奁盒，永青文库藏。下：南宋剔红"后赤壁赋"盘，私人藏

做好了准备送去宫里的，估计是金人南侵搅了这事，现在却让咱们碰上了，官家您的运气太好了！

赵构接到这份奏报，还未嗑出其中的好运气，边上御史中丞沈与求忍不住就开口了，说官家您前阵子在绍兴拜谒大禹陵时，还说君主都要以大禹为榜样，崇尚勤俭节约，眼下行宫营建因此也一切从简。但现在徐康国却把这些个夯货弄进宫来，这唱的是哪出戏？

赵构赶忙叫人去制止，但徐康国却回说，这些"珍宝"早已妥妥地装船了，估计这两天就到行在了。再说了，这些宝贝疙瘩都是现成的，本来就打算送宫里的，又不是现在特意指派匠人去做的，不费事。徐康国"先斩后奏"，直接发货。他亲手安排的这批"特件"漕运效率奇高，两天后突然显身于凤凰山行宫建设现场，就等赵构"签收"了。

宋元（早期）漆器。上：黑漆嵌螺钿人物图盒。下：剔红凤穿牡丹椭圆盒。浙江省博物馆藏

沈与求也不是吃素的，见拦不住徐康国，便使出御史监察的"死磕"劲儿，在赵构跟前指斥徐康国行为不端，对宫禁用品独断独行是对官家的大不敬，是严重的失礼行为！推崇已经过气的那种奢华风气，是对官家高尚品德的抹黑！

他还摆出早些年赵构在扬州的"故事"说，当年官家驻跸扬州时，但凡有奢华之物进宫，您总是命人拖出去，在闹市大街上当众焚烧了。他这意思，就是要赵构今天也不能放过这些东西，必须焚毁。

最后他还提出，对徐康国本人必须予以重惩，这既是向天下明示官家您的好恶，也是给那些溜须拍马、迎合上意的小人一个郑重警告。

赵构觉得沈与求说得有点"上纲上线"，但还真是句句在理，便下旨临安府，将那些"稀罕之物"统统烧毁了。对徐康国则特别处以官降两级的惩处。

徐康国很受伤！这马屁拍到马腿上，还成了"反面典型"，好好的官儿竟然被连降两级，憋屈坏了。但凤凰山行宫建设中的"奢靡之风"，也由此得到了遏制，大为收敛。

后来，倒是杨公弼升官做了"提举修内司"，继续率人为行宫添砖加瓦。

6. 为一人改弦更张，
为一人规模失控

　　因为客观条件的限制，赵构最初营建宫殿时，是比较节俭的。但随着宋金战事的停歇，南宋政权的稳固，赵构的宫室营造规模也逐渐宏大起来。

　　一个重要的时间节点是绍兴十二年（1142）。从这年开始，赵构对于宫城建设，再也不用考虑"俭德"这块招牌，他改弦更张，开始全新打造"孝治天下"的形象了。因为此时他得到可靠消息，"靖康之变"时被俘

南宋萧照《中兴瑞应图》描绘"靖康之变"中赵构出使金营后，韦氏以象棋占卜其凶吉的场面。上海龙美术馆藏

至北方金国的生母韦氏，经过宋金谈判达成的和议，即将被释放南归。

为母后营造宫殿，从"孝义"出发，不惜工本、精工细作，谁还能不理解？于是"俭德"一说似乎再无人提及，甚至不惜对已有建筑大拆大建，推倒重来。如内侍王晋锡建崇政殿和垂拱殿时，在原地拆迁了一百四十七间屋宇[1]。可见这两座重要宫殿的建设规模以及规划选址，远远超出了之前在此的营造思路和建筑现状，而为了新的宫殿建设需要，不惜拆平原址上的固有建筑，可谓是规模甚大的一次重建工程。而从另一个角度看，南宋皇城最初营建时的"一百间"规模，也早已被突破了。

另一个突破规模的典型事例，就是皇城中的东宫。

建造东宫的动议最初是在绍兴三十二年（1162）五月，当时赵构册立赵昚[2]为皇太子，曾下诏让人查考有关东宫的典章制度。可是没个把月，赵构就让位退居德寿宫了。所以赵昚身为太子时，根本没来得及住上属于太子的东宫。

乾道元年（1165），已经做了两年官家的赵昚，册立长子赵愭[3]为太子，又要查找北宋东宫的营建制度了。此时离"靖康之变"都快四十年了，可是礼部太常寺，还有工部等相关机构，愣是没找到可以参考的档案资料。弄了老半天，只找到了一名平时无人待见的武官老臣张孝杰，还能对徽宗政和年间的东宫建筑形制，说上一二，但也只限于厅堂以及东宫官属侍从的屋宇这很少的几种次要建筑。

这边一堆官员还没搞出东宫的眉目来，那边太子却

山水之间帝王家

[1] 这个营建数字采用王应麟《玉海》卷一六〇记载，《宋会要辑稿·方域》作"二百四十七间"。

[2] 庙号孝宗。昚，音shèn，古同"慎"字。

[3] 赵愭病故后，谥号庄文太子。愭，音qí。

出大事了。乾道三年（1167）七月，赵愭生病了，本来也不算严重，但碰上个庸医用错了药，结果年纪轻轻才二十四岁的他，竟然撒手人寰。他死后被葬在南屏山北麓（今太子湾公园），因而这次的东宫营造又搁浅了。

乾道七年（1171），赵昚第三子赵惇做了太子。这次，东宫总算是建起来了，先是在皇城丽正门内的东边，划定区域，建成了东宫宫门。到淳熙二年（1175），又新建了射堂，是东宫园林式的游艺场所。接着建成了荣观堂、玉渊堂和清赏堂，以及凤山楼。东宫至此才初见规模。

但接下来的事情就有些失控了。

淳熙十六年（1189）二月，赵昚退位当了太上皇，赵惇①上位登基。之后因为他的皇后李氏干政，里里外外，家事国事都被搞得一团糟。绍熙五年（1194）七月，忍无可忍的一群大臣拥立嘉王赵扩登基②，等于硬是把赵惇赶下了皇位。

作为赵惇的儿子，新官家赵扩其实是不愿上位的，老爸被迫退位他心存愧疚，于是便想方设法让老爸怎么过得更好点。

太上皇赵惇临时住在皇城中的泰安宫。这年十月，赵扩想到被封门多年的东宫，那原是太上皇做太子时的故居，如果将它好好装修翻新一下，太上皇住进去一定会更舒适些。于是下诏让人修葺旧东宫，并改称为福宁殿。

这原本无可厚非，哪晓得这道诏旨一出，泄露了一个细节，就是说说只是整修一下东宫旧房子，实际工程却十分铺张，计划营造"三数百间"房屋。当时东宫只占皇城东南一角，新建如此规模的建筑，不说是否具有

① 庙号光宗。惇，音 dūn。
② 庙号宁宗。

可行性，只对照一下绍兴元年（1131）整座皇城只建一百间殿宇的规模，数量上至少是惊人的。足见此时的皇城营建，早已抛弃了草创时期的因陋就简，而兴起了豪奢之风。

在宫中专为皇帝讲学的焕章阁待制、侍讲朱熹听说这事，上奏竭力反对。朱熹说，近来京畿一带灾荒严重，多少饥民正当死亡边缘，而朝廷却大兴土木修造宫室，只把官家侍奉尊亲的一己之事当作正经要事，对灾民全无一点怜悯恻隐之心，这还有天理吗？

可惜，朱熹的奏疏落在了视他为眼中钉的权臣韩侂胄手里，结果他被勒令退休，撵出京城。

南宋宫城的基本格局与规模，是在赵构时期确定的，就那个样子了。但在"绍兴和议"之后，为了一个皇太后，揭掉了省俭的"标签"；进入南宋中期，又为了一个太上皇，失控了营建规模，都有些忘乎所以。

若不是囿于凤凰山一带丘陵河流的限制，这座皇城的最终规模，可能远不止此。

第四章

流变：营造法式的薪火相传

（绍兴十二年八月）辛巳，上奉迎皇太后于临平镇……用黄麾半仗，二千四百八十三人。普安郡王从。上初见太后，喜极而泣，军卫欢呼，声震天地。

——《建炎以来系年要录》卷一四六

郊丘，在嘉会门外南四里，龙华寺西。绍兴十三年正月，礼部太常寺请依国朝礼制，建坛于国之东南。坛侧建青城斋宫。乃命领殿前都指挥使职事臣杨存中、知临安府臣王晚等，相视修筑。

——《咸淳临安志》卷三

1. 五十老妇，皇城华丽转身的
焦点人物

皋亭山下，上塘河畔。

临平是个不大的小镇，因为地处临安城北的水陆要冲之地，太平时期南来北往的车旅行人较多，但也很少出现某一天里忽然集聚成千上万人的情形。可在这天，绍兴十二年（1142）八月二十一日，一支规模庞大、旌旗招展、车马俱全的队伍开到了临平，集中驻扎在官道两侧，人数可点，竟有两千四百八十三人之多。而在这两千多人的外围，更有驻足围观的平民百姓，不计其数。

此时中秋节刚过，天气清爽，桂花香郁。这两千多人停留多时，除了飞扬的旗帜，很少有人走动，一片静

南宋佚名《迎銮图》。右侧河边黄罗伞下的红衣骑马者即赵构，左边十六人肩扛的大轿，是韦氏乘坐的銮舆。上海博物馆藏

寂。队伍中，有当时南宋朝廷最显赫的头面人物，他们是未来的官家、普安郡王赵昚，当朝第一红人宰相秦桧，第一大将枢密使张俊，以及已经赋闲的太傅、醴泉观使韩世忠等人。而最重要的人，当今皇帝赵构也在其中，此时正在一座帷帐中小憩。

时近傍晚，人群忽然攒动起来——秦桧的大舅子王唤和一队快骑，从官道北面奔来。他径直在秦桧的罗伞跟前下马，只说了两个字："来了！"秦桧立即转身进了赵构帷帐。一瞬间，只见一身赭红袍服的赵构疾步跑出帷帐，跳上一匹红马，在众人的簇拥下，来到官道上。大家的目光一齐向北望去。

不一会儿，一队人马从官道上缓缓行来。人群中，一柄高擎着的大红罗伞下，是一辆火珠红盖青帐、由十六名力士扛行的銮舆大轿。

人马停住，大轿的青帐围帘被打开，一名身材清瘦、满头灰发、一脸沧桑的老妇人走出大轿。已经下马的赵构抢上一步，躬身施礼，泣不成声。这名妇人一把抱住赵构，也是泪如雨下。边上众人齐声欢呼，声震天地……

她就是赵构的生母韦氏。

"靖康之变"时，韦氏和徽宗以及众多嫔妃宫女、皇亲国戚、文武大臣一起，被金兵掳到东北。赵构与韦氏母子俩天各一方，一晃就是十六年。绍兴五年（1135）时，赵构生父徽宗赵佶，在金国病亡。赵佶死后七年，根据宋金双方达成的和议条款，已经五十多岁的韦氏，成为唯一被金人放回的宋宫嫔妃，回到了宋朝，与赵构终于团聚了。与韦氏一同归来的还有三具棺椁，分别属于赵佶及其皇后郑氏，还有在金国亡故的赵构元配邢氏。

第二天，赵构偕母亲回到临安城，韦氏入住大内慈宁宫。

韦氏的回归，对南宋皇城建设而言，是一个重要事件。

绍兴初年，南宋皇城在凤凰山下的一块"白地"上拔地而起。营建之初，因为客观条件的限制，一切从简，不尚奢华。但随着宋金战事的停歇，南宋政权的稳固，皇城的宫室营造也逐渐宏大华丽起来。

皇城建筑从简朴到宏丽的转折点，就是韦氏被金国的释放归宋。就具体宫室而言，便是慈宁宫的兴建。

不过，慈宁宫的营造并不顺利。早在绍兴八年（1138）下半年，宋金之间就开始了第一次和议谈判。当时宋朝一方提出让韦氏归宋的要求。次年正月，双方正式达成和议，金人释放韦氏也被写进了和约之中。

消息传到临安，赵构喜不自胜，马上开始筹划韦氏归来以后的居所。正月二十二日，赵构下诏在皇城内东边小山（今馒头山）上，依山而建慈宁宫，并遥尊韦氏为皇太后。

慈宁宫的营建花了大半年时间。到这年十月二十一日，宫殿建设已近尾声，赵构又下诏，将皇太后的宫殿正式取名"慈宁殿"。这个名称取义于老子《道德经》和《易经》。老子说他有"三宝"，就是三条做人的原则，第一条就是"慈"；而《易经》形容天子大德的一个表象是"万国咸宁"，就是众生安康，天下太平。

到十月三十日，慈宁宫正式竣工。十一月八日，赵构御笔亲书"慈宁之殿"，是以"慈宁宫"也称"慈宁殿"，两者是一码事。

但赵构的这番操作，还是想当然了！

他为生母居室大兴土木，纯属一厢情愿。因为金人向来不是按套路出牌的，更不会顾及他们的母子情深。

绍兴十年（1140）五月三日，一直引颈北望的赵构，没有望见母亲大人的归来，却意外地等来了金国对宋朝的再次宣战。金兀术兵分四路，从山东、两淮、河南到陕西一线，对宋人大开杀戒，发起了全面进攻。去年双方郑重签字的那份令赵构欣喜万分的和约，一夜之间变为一文不值的废纸。

幸好有南宋中兴名将岳飞、韩世忠、吴璘和刘锜等人浴血奋战，接连挫败金兵。遭到惨败的金人不得不在绍兴十一年（1141）再次向宋朝伸出了橄榄枝。

宋金重谈和议，韦氏归宋再次被写入了和约后，赵构仍不敢确信。直到韦氏离开金国，踏上回国的路途，这才赶紧重启迎接事宜。绍兴十二年（1142）五月十四日，赵构再次下诏，重修并扩建慈宁殿。

这会儿，天下重归太平，"以孝治国"成为新的招牌。为此，慈宁殿的营建，倾尽所有，极尽奢华。

然而，慈宁殿的华丽也只能停留在想象中，因为在官方的正式文件中，慈宁殿从设计修建到使用效果，没有留下一个字。

2. 一位十八岁年轻人的
"败笔"有内涵

慈宁殿的详细记载不见官史，却有私撰。

太后归来，举国欢欣。文武高官照例要上表称贺。一般朝野人士，也有不少献上赋颂雅歌之类的赞美文章。当时赵构还令中书舍人程敦厚将这些文章评出个一二三等奖来。结果，建昌军（今江西南城县）进士童藻拔得头筹，第二名告缺，知真州（今江苏仪征市）张昌的文章名列第三，进士陆涣为第四。其中身为官员的张昌因为这篇文章写得好，还被升官一级。

陆游的好友、时年十八岁的王仲信，激动所至，才情勃发，也创作了一篇实打实两千五百多字的《慈宁殿赋》，进献于朝廷。

按理说，慈宁殿属于皇城后宫内苑的范围，即使平时上朝可以来往于前朝大殿的臣僚们，也未必能进入这里观瞻一位太后的寝宫。绍兴九年（1139）十月二十一日，慈宁宫一切土建、装修和供帐等全部完成，秦桧很想见识一下，也只有赵构同意了，他才能"应召"跟着官家，进到慈宁宫内参观。年纪轻轻的王仲信也不是什么显贵大佬，不要说大内里面了，就是皇城的城墙根儿恐怕也摸不着。因而，这《慈宁殿赋》会不会纯属虚构？

其实，问题没这么简单。虽然赋这种文体允许你发散思维、天马行空，辞藻铺张华丽，但这篇赋所写对象毕竟是个宫殿实体，总得有所依凭吧。否则，恐怕很容易凿空失误，而掉进"妄言"的坑洞里。

北宋末年有位东京士人袁褧[①]，"靖康之变"中随宋室南逃，寓居于杭州。他凭借记忆，在《枫窗小牍》一书中，比较详细地记载了北宋皇城中各处宫门、大小宫殿、后苑亭池等建筑的名称、方位和建造时间等。此书对徽宗兴建的"艮岳"也有非常详尽的记录，主要参考他父亲奉命创作的《艮岳颂》和徽宗的《艮岳记》，对这座宫廷花园的山峦、流水、奇石、花木、园路、建筑等，作了"导游式"的叙述。所以，即使是皇宫御花园这样的禁地，常人也可以通过一些渠道和资源去了解，去写作。

王仲信有无类似袁褧的渠道或资源，真不好说。他的《慈宁殿赋》进献上去后，就不见下文了，既没有得到点赞打赏，也没有遭受指责批评。因而，这篇长赋还不能简单地用"虚构"二字去下结论。

而如果着眼于王仲信这篇作品本身，《慈宁殿赋》没有收获积极评价也是有道理的。

他毕竟还年轻，没啥阅历，对于行在营建宫室的总体想法并无深刻领会，尤其是慈宁宫在整个南宋宫城建设中的思路转变，更是缺乏准确拿捏的能力。而且在笔墨上，他热衷堆砌辞藻，大量使用冷僻字词，这反而损害了文章主题的表达和通畅阅读。他在序言中说自己这篇赋"辞意浅陋，言语肤率"，同时也很想通过"抉奇摘异"的词句，就是用些生僻怪异的辞藻，来叙述慈宁

① 褧，音 jiǒng。

殿之一"宏大主题"，这番自我评价和表白，还是很确切的。

　　所以，这篇赋在历史上没什么影响力，也是显而易

清陈元龙《御定历代赋汇》卷七三刊载的《慈宁殿赋》（序言）。康熙四十五年（1706）内府刊本

清陈元龙《御定历代赋汇》卷七三刊载的《慈宁殿赋》（正文局部）。康熙四十五年（1706）内府刊本

西安大明宫含
元殿遗址

见的。要不是他的一位以史学见长的亲戚王明清，在《挥
麈①录》一书中将这篇赋记录下来，后世很有可能就不知
道围绕慈宁殿还有这样一篇作品。

然而，我们从南宋皇城这一特殊的古代建筑去看这
篇《慈宁殿赋》，却可以从中了解到一些别样的意象。
在相关文献极为缺乏的情况下，这篇赋仍保留了当时人
们对慈宁殿的些许观感印象。

而正因为王仲信的年轻，缺乏对于"宏大主题"的
把握能力，使得这篇赋的主题准确性出现了一定的偏差。
由此产生的一个意外是，在我们今天看来，他写的是慈
宁殿，却在一定程度上，可以视作是对南宋皇城的整体
观照。

那么，接下来我们看看《慈宁殿赋》中的一些关键
描述，譬如说：

> 上高拟天，下蟠法地。削甘泉之繁缛，屏含元之
> 侈丽，揆太极之宸模，就坤灵之宝势。

① 麈，音 zhǔ，鹿
一类动物，尾巴可
做拂尘，称麈尾。

094

这意思是说，慈宁殿的营建尊崇天地阴阳的自然法则，而在总体建设"标杆"上，抛弃了秦时甘泉宫那样富丽堂皇的风格，摒弃了唐朝含元殿那种煊赫宏丽的奢华，而注重尊崇曹魏时期太极殿的营造制度和格局，并重视选择钟灵毓秀的地势环境。

这里面讲到的甘泉宫，是战国时秦国的著名宫殿，并且更多时候是秦国太后的居所，像那位家喻户晓的宣太后就曾经长期住在这所宫殿。含元殿是唐朝大明宫的前朝正殿，超级宏大华丽，是大唐王朝国家与皇权的象征。洛阳太极殿建于曹魏时候，它第一次确立了中国古代宫殿营造中的"建中立极"制度，也就是象征皇权中正与地位的皇宫中轴线布局。

这说明南宋宫城在建造中，参考和继承了之前著名宫殿的特点和制度。

慈宁殿建在今天杭州的馒头山上。但王仲信这番描述，与其说是慈宁殿的建设标杆，倒不如说是整个南宋皇城的营建法则更确切。这座宫城在立地环境的选择上，看重凤凰山的葱郁灵秀，把"家"轻轻放在山水间，自

西安大明宫含元殿北部的太液池（东池）

从南宋皇城遗址核心区方位南望宋城路一带

然融为一体，由此成就了南宋皇城的最大特色：江南山水园林风貌。

对于皇城所在的地理形胜，王仲信津津乐道：

> 观其巨镇在南，长江在东，前拥后顾，盘错洼隆。占皇图之奕奕，郁佳气之葱葱。天海相际，造化溟蒙。雕题贯脊，大舸艟艨……上则天目、於潜之山，凤凰南北之巅，巉岩巀嶭，窈窕回旋。状群羽之集麓，若万马之奔川。海门之潮，沧溟之渊，濠泃奔放，势如朝焉。皆足以小崤函而吞泾渭，等河洛而隘陇岍。

这段话是说，钱塘江由南向东北绕行凤凰山，这大山与大河的相互拥抱，形成了这里高低错落的地形，占尽了大宋山河中最壮美的景象，也拥有了天地间最具活力的秀美气象。

为什么这样说呢？因为你看那大江东去，海天一色，洪荒迷蒙之中，那一艘艘大船巨舰，就如同是额上胸前的文身。咱们静态地去看西北天目山，龙飞凤舞到钱塘，栖息于凤凰山南北两翼，这是一片巍峨险峻而又蜿蜒绝美的大山。再动态地观览眼前景物，群山荟萃于此，仿佛百鸟朝凤；大江浩荡而来，犹如万马奔腾。还有跨越海门①逆势而进的大潮，崛起于大海深处，前赴后继汹涌澎湃，此情此境，又像是天下归心万邦来朝。

王仲信完全为凤凰山这壮美山水所倾倒、所折服，中原和关中那些传统帝王之都的山川形势，险固如崤山函关，丰美如泾河渭河，天堑如黄河洛河，高峻如陇山岍山，统统不在话下。

这些，全是对整个南宋皇城山川形胜的描写。而对于这篇赋的主角慈宁殿，王仲信倾尽才学，极尽华美。他说慈宁殿：

① 海门原是位于杭州东南方向钱塘江中的一座小岛，现已不存。

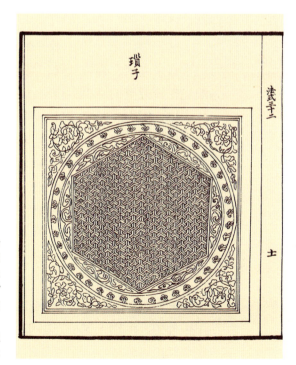

李诫《营造法式》中的"琐子"，是类似甲胄"锁子甲"的一种藻井图案。
故宫博物院藏清初影宋抄本

江西南昌滕王阁在现代重建时，楼顶"九重天"藻井借鉴斗拱工艺，形成一种向心旋转的图案

阙百常兮屋十寻①，皆棣爵兮建瓴。儋儋千栌，闲闲旅楹。岫绮对砌，窗霞翼棂。彤墀洋洋，金碧煌煌。神鸥展吻而哑呀，文犀②压牖而赫张。宝排象拱，列星间梁。檩桷栾楶，黼藻铅黄。玫瑰玟瑁，翡翠明珰。方疏圆井，琄连斗扛……夫然未足以比其制，未足以形其雄。

① 古时以一丈六尺（约合五米）为一常，半常为一寻。

② 文犀原指有纹理的犀角，古文中有"文犀之渠"，意为楯，即栏杆。

③ 赋中"琄"即"琐"字，"琐子"是类似甲胄中"锁子甲"的一种藻井图案。据李诫《营造法式》记载，这种三角连环相接的花纹，在宋代有青、绿、红、赤、黄等颜色。

这是说，慈宁宫的整个宽度约有五十米，进深在二十五米光景，高耸云天，堪称高屋建瓴。层楼屋檐之间是密密匝匝的斗拱，粗粗壮壮的柱子。青山烘托着卓立高楼，霞光映照着两翼窗棂。大红台阶洋洋大观，雕梁画栋，金碧辉煌。上有屋顶鸥吻大口相对，下有四周围栏纹饰相连③，护持着一排排格子门窗，声势壮观。走进殿堂里面，但见四处陈列着彩珠和象牙，顶上的椽子斗拱也通体画上了橙黄明亮的彩绘。到处都是红艳玫瑰、莹润玟瑁、鲜亮翡翠、明珠白玉。连环"琐子"图案与层层斗拱，又构筑起一个个华丽的天窗藻井。

王仲信将慈宁殿的远远近近、前前后后、上上下下、里里外外，堆砌上这一连串华彩靓丽、韵律铿锵，同时也非常冷僻晦涩、诘屈聱牙的辞藻。写到这里，他意犹未尽，仍觉得没能完整而准确地形容慈宁殿的精彩之处，于是又以一个转折的口吻荡开笔墨，连用两个"不足以"的否定词，将前面的种种溢美之词当成了一种铺垫，使慈宁殿的"高大上"形象，递进到更"高大上"的一个层次。

作为一种文章写作技巧，王仲信这样的写法很值得称道。可是，我们仔细体会他的描写叙述，就会发现，慈宁殿如此奢靡铺张，与他整篇文章的"定调"产生了"自相矛盾"。

《慈宁殿赋》前面说到，这座宫殿的营建，要抛弃秦时甘泉宫那样富丽堂皇的风格，摒弃唐朝含元殿那种煊赫宏丽的奢华。文章后面还有"今是殿也，不奢不陋，不高不卑"的定论，认为慈宁殿既不奢华，也不简陋。而事实上，王仲信不惜锦心绣口、穷尽赞美的慈宁殿，与这些"定调"和"定论"，全然"不搭"。

王仲信在赋中还说道：

宋高宗书、马和之绘图《孝经图》中皇帝问安太后。台北故宫博物院藏

夫以此而驻跸，实一制而万全。然而，不以为离宫，不以为别宇，而独以奉长乐之安，而为承颜之所。故能远迈汉唐，跨历三五。则虽兼天下之奉，极天下之贵，亦人所乐而天所与也。

意思是说，慈宁殿营建在凤凰山下，它的宫室制度和规范圆满而周全。现在并未以此作为临时驻跸的行宫，而是整个儿作为奉养太后安享长久快乐日子的居所。如此深厚的孝道盖过了汉唐以来的贤明君王，甚至超越了远古圣贤三皇五帝。所以，即使搜集整个天下的财物，或者穷尽天下最珍贵的宝物，来奉养太后，也是人们所乐意看见的，因为这也是上苍恩赐的。

这段话等于又认定慈宁殿在营建上是穷奢极欲的，虽然还竭力为之作了辩护。文章前后出现这样逻辑上的矛盾，对于一篇文学作品来说，可能就算是"硬伤"，是"败笔"了。

然而，《慈宁殿赋》出现这样前言不搭后语的"败笔"，其实又很正常。这恰恰真实地反映了南宋皇城的建造风格和追求，在这个节点上出现的转折性变化。

十八岁的年轻人王仲信，既要写出当下慈宁殿的这种对豪奢不遗余力的追求，也就是以此颂扬官家对太后莫大的孝道，又要照顾到之前整个皇城建造所奉行的"节俭"标准，由此生发行文上难以调和的前后矛盾，公允地讲，这又不能用一个"败笔"来作评定，因为这反而可以视作对当时事实真相的一种真实反映。

慈宁殿的营建成为一个"里程碑"，南宋皇城的建设，在绍兴年间由此跨入了一个"华丽"时期。

3. 京城第一"基建狂人" 忽然撂挑子了

韦氏回归对南宋朝野来说，就是个"奇迹"。在她归来的第二年，即绍兴十三年（1143），"奇迹"又发生了——大宋的"苏武"回来了！

这年的八月十四日，因出访金国而被扣押的南宋使臣洪皓，回到了临安。

洪皓的归来从某种程度上说，比韦氏更为艰辛。他在建炎三年（1129）顶着礼部尚书的头衔，被赵构派到金国议和。可那时候人家打你打得正爽，根本没兴趣跟你废话，而且瞧洪皓还很不顺眼，于是就把他羁押下来了，一晃就是十五年。这期间，金人对洪皓施以各种威逼利诱的手段，连杀头的话都蹦出口了。结果，活生生把他塑造成了一名汉朝苏武式的英雄人物。最后没办法，还是让他回了国。

洪皓回来，赵构很激动，当天就召见了他，称赞他的忠君爱国连苏武也比不上，还赏赐了大量金帛、象牙、茶酒等贵重名物。

第二天，洪皓专程前往慈宁殿拜见韦氏。因为两人在金国同是天涯沦落人，有过一段交往。现在回来后，理所当然要去会会当年的"难友"。可是让洪皓有点小意外的是，来到慈宁殿与韦氏相见时，两人之间却隔着厚厚的一层帘幕。

按理说，当时外人与后宫眷属相见，隔上一层垂帘也是皇家礼仪的规定。但慈宁殿的这层描金绣凤的大幕特别厚实宽大，两人隔着这层厚幕，别说彼此连个影子都见不着，说话也是闷声闷气的，太费劲了！

洪皓心里不爽。皇家礼仪固然得有，但以前哲宗皇帝时高太后垂帘听政，那帘子又薄又透，就一摆设。可你今天一个帘子也能搞出极品豪华版来，至于吗？但又

元王振鹏《唐僧取经图》中沿袭宋宫建筑形制的宫殿围栏和门帘。日本藏本

南宋太庙遗址出土的雕龙柱础

不好说出口。最后还是韦氏忍不住了，向拉幕的宫女发话，说洪老尚书是俺在北方的老相识了，没必要用这么厚的帘子膈应人，赶快撤了吧。

从慈宁宫告退后，洪皓又去见宰相秦桧。先是跟他说，张浚这人是坚定的抗金战士，金人都很怕他，但你秦桧现在却把他从朝廷里撵走了，这是不是有点替金人打"助攻"的味道？说得秦桧很不高兴。

过了几天，洪皓又上门了，对秦桧说，临安这地儿说好的只是暂时的居所，可是我看见这景灵宫和太庙①的殿堂，却造得极其奢华，很过分，岂不是等于公开宣称，中原故土咱们不要了？洪皓说的是景灵宫和太庙，可里面还是有慈宁殿厚幕那个"梗"的。一番话说得秦桧又下不了台了。

本来洪皓出访金国时的礼部尚书官衔，是赵构暂借给他的。现在他九死一生回来了，总该正式给一个相当

① 景灵宫最初建于北宋真宗时期，奉祀赵姓始祖轩辕黄帝。太庙祭奠的是本朝历任先帝，是皇帝家庙。所以它们都属于宫廷建筑。

的官职吧。但是秦桧睚眦必报，直接让他离开京师，出知饶州了。

秦桧这天回到家后，因为洪皓被撵走的事，狠狠吐了一口恶气。他老婆王氏也替他高兴，叫人置办了一桌酒席，庆祝一下。秦桧喝得高兴，王氏开口了，说是白天她兄长显道来府上坐了一会儿，临走时撂下话，说他那个工部侍郎的官不想做了。

秦桧听后一脸诧异。自从去年太后回来后，皇城基本建设搞得热火朝天，这工部侍郎的大肥缺多少人眼红。老婆为自家兄长谋这官，一条"长舌"在家里没少聒噪。而自己在朝堂上也费了不少唾沫星子，才在八月初八日将这顶"大号"的乌纱帽搞定。怎么履新还没一个月，他就不想干了？

显道就是去年以提举迎奉事务的身份，被派往宋金界河淮河，去迎接太后韦氏归宋的那个秦桧大舅子王晚的表字。当时韦氏已经到了淮河北岸，正待过河，金人却从中作梗，说韦氏还欠着一笔巨款，不还就不让走。在金国，韦氏也就一女奴，身上能有多少钱？便托人向迎奉正使王次翁借钱。但王次翁怕这是金人的诡计，一口拒绝。这一来，韦氏在北岸一连待了三天，愣是没有跨过这条国界线。关键时候，还是王晚想办法凑足了六百两黄金送去。结果，钱款到日，韦氏当天就过了河。为这事，官家对王晚印象特好，给他官升一级。

在秦桧和王氏眼里，打从韦氏归来后，王晚就像换了一个人似的，成了一个地道的"基建狂人"。

本来，王晚因为跟秦桧的这层裙带关系而飞黄腾达，却没啥政绩或业绩可言。绍兴十二年（1142）八月太后归来，十一月四日他被任命为知临安府以后，他忽然像是一名"包工头"，连着大包大揽了几大工程建设。

第一项大工程就非同小可。绍兴十三年（1143）正月里，他在嘉会门外龙华寺西面（今南宋官窑博物馆附近），为官家营建了一座高等级建筑：祭天郊坛。皇帝贵为天子，君权神授，祭天是官家最隆重的礼仪活动，所以这项工程是很神圣的。

第二项大工程涉及皇城建造。绍兴十三年（1143）五月二十五日，王晚为官家建成了一座摆席设宴的"燕殿"，建筑外观和工程质量均获好评，因此又官升一级。

第三项大工程是营建国子监和太学。这项工程原是秦桧提议的，但找不到合适的地块。这时王晚站出来说，两年前岳飞因为"谋反"而被处死，他位于钱塘县官署西面（今庆春路城建陈列馆北侧）的宅第被朝廷没收，这块地正好可以拿来用。这个提议很快被采纳，于是，绍兴十三年（1143）六月，王晚对岳飞故居一番扩建，干成了国子监和太学这两个国家级工程项目。

因为基本建设这项"政绩"很突出，王晚虽然毫无土木工程的专业背景，连"半路出家"都算不上，但却被几个一味要拍秦桧马屁的官员，吹捧为堪比上古时期舜帝手下掌管百工的"垂"，竭力举荐他上位。于是这年八月八日，王晚被提拔上调工部，担任侍郎一职，重点负责皇城的宫室营建。

可是履新还没一个月，王晚竟然提出不想干了，这叫秦桧很不理解。你小子不识好歹！京城各项基本建设全面拉开，现在的工部今非昔比。尤其是宫室建造，可谓天下最大的"油水"工程，那一砖一瓦，都是真金白银的化身。好好干，你家里里外外早晚也会变成真金白银的。所以秦桧叫王氏转告王晚，说不同意他撂挑子，要他继续当好天下第一工程的"包工头"。

这一来，王晚郁闷了。

说心里话，王晚对基本建设还是非常热爱的，甚至还自以为就是做"包工头"的料，别人说他是"基建狂人"他也认了。但是现在为官家干这活儿，风险太大，划不来。

就拿今年初建成的那座郊坛来说，礼部太常寺提出的建设标准是，必须依照原有的建筑礼制来建，这么一座"土丘"的建造方位、高度坡度、阶梯层级、外观形制等等，都有极为严苛的要求。说到底，宫廷建筑礼制是一种极其严格的"制度"，是铁打的规矩和标准，必须不折不扣予以执行。

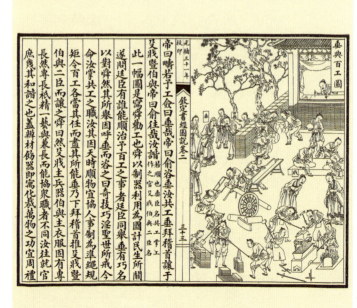

《尚书》中有"垂典百工"的说法。清孙家鼐等编《书经图说》，光绪三十一年（1905）内府刊本

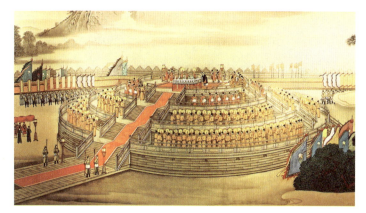

南宋郊坛祭天大典意象图。南宋官窑博物馆背景图

杭
州
风
迹

H A N G
Z H O U

本来嘛，标准严就严吧，让工匠们对照着慢慢干就是了，可偏偏太常寺还有将作监①拿出来的那些建筑制度，因为经历了"靖康之变"，都成了残篇断简，使得郊坛工程先天不足，留下了很多"漏洞"。谁要是没事找茬，一查一个准。而出了问题都是大问题，你"包工头"肯定也吃不了兜着走，就等着"背锅"吧。因此，郊坛这活儿王晚干得心惊肉跳。

郊坛算是建成了，但还没完事。按施工图纸，边上还要造一座祭天用的附属建筑青城斋宫，包含了望祭殿、端诚殿、熙成殿和泰禋门等宫殿建筑。王晚觉得再这样干下去，肯定要"失手"，便仗着有秦桧罩着，以太常寺提供的相关制度不完整为理由，要求取消这一系列重要宫殿的建设。秦桧替他出头在官家面前一说，青城斋宫被一笔勾销。后来皇帝祭天时，这里就孤零零的一座土丘，其他啥建筑也没有。有需要时，只能临时拿些帷帐布幔一围，就算一座什么宫殿了，多寒碜！

幸好这祭天大礼三年才有一次，官家不会天天那么丢人现眼。否则，你这"包工头"被撸掉是迟早的事。

工部侍郎王晚并不懂土木专业，却非常了解政治上

① 宋代掌管宫室、城郭、桥梁、舟车等营造之事的官署。

的那一套。所以他铁了心不想再搭手皇城建造的事，时不时来缠秦桧，说除了官家的事，其他啥事他都愿意去做，"外放"到地方上做事也行。

王氏也要为自家兄弟说话，对秦桧说，咱俩这辈子没福气有个儿子，还不是显道把自己儿子过继给你了，才有咱们的天伦之乐。他又不曾叫你给弄个六部三省的长官，你怎么这么抠呢？你不看老身的面，也该看看熺儿的面啊！

她说的熺儿就是王晚过继给秦桧的儿子秦熺，不但深得秦桧的喜欢，据说官家对他也是青眼有加，去年刚中了进士，就让进了秘书省为官，可谓前途无量。

终于，秦桧点头答应了。那年头，赵宋朝廷就像是他秦桧家的厅堂一般，啥事都是秦桧拍板的。年末时候，王晚被"外放"平江府（今江苏苏州）任知府的正式文书也公布了。

这去平江府也是王氏的主意，因为北宋真宗和仁宗时候，就有两位王氏先祖先后担任过苏州地方长官，如今让王晚再去那地儿当"一把手"，三任苏州长官皆出王家一门，堪称一段佳话，很荣耀。而且，王晚毕竟当过京城知临安府，现在任知平江府，是有点亏的，那么，他这工部侍郎的官职仍让兼着，等于保留了级别。总之，王晚如其所愿，被妥妥地安排到了平江府履任。

4. 秦桧大舅子做了件 "功德无量" 的事

王晚是在绍兴十四年（1144）三月到任平江府的。

初来乍到，王晚就重启了"基建狂人"的节奏，在平江府大兴土木。年末给他开具这一年的总结报告，其中以工程建设最为显著：

新建双瑞堂，以及堂前花石小园，使之成为工作之余的小憩最佳处。

重建齐云楼，美轮美奂甲于两浙、四川、湖北各地的名楼，著名的岳阳楼和庾楼甚至都不在话下。当地父老称，这是自"靖康之变"后当地官府建造的最壮丽的建筑。

美化四照亭，在这座亭子四周叠放奇石，种植名花，形成春雨海棠、夏赏湖石、秋有芙蓉、冬飘梅香的四季美景。

修建颁春、宣诏两座亭子。这是专为迎候圣旨的特殊建筑，王晚为此还请来了官家都十分欣赏的书法名家吴说[1]，书写了亭子的匾额。

① 说，音 yuè。

以上建筑基本集中在府衙内外。在城西盘门里，则新建了一座姑苏馆，作为宋金两国路经此地的使者的专用豪华宾馆。有人评价说，这座宾馆的气派和华丽，在整个浙西地区堪称第一。

然而，以后人的眼光看，这一切都不足以成为王晚的最大成绩。他为当时也为后世作出的最大功绩，是整理重刊了一部足以流芳百世的典籍。

王晚能在土木工程上取得突出"政绩"，除了政治和经济的因素之外，还缘于他自己的偏好，以及能够聚集一批术有专攻的土木工匠。

到平江府一年后的某天，王晚从一名匠师手上，忽然发现一部与众不同的书。当时搞土木工程的人，接触最多的专业书，是宋朝开国之初喻皓写的《木经》。这喻皓五代时就曾在杭州凤凰山下的梵天寺，巧妙地解决了一座木塔晃动不稳的技术难题，后来又在汴京建造了有名的开宝寺木塔，晚年写成的《木经》一书，被匠师们奉为营造工程的圭臬，欧阳修也称赞他是"木工第一人"。

《木经》篇幅不大，仅有三卷。而现在这位匠师手里的这部书，容量规模竟然是《木经》的十倍还多，达三十四卷。

王晚拿过书一看，是《营造法式》，作者是徽宗时的将作监官员李诫。再一翻，惊呆了！

你道是为什么？

原来，王晚对于匠师真正关注的那些土木专业书籍，

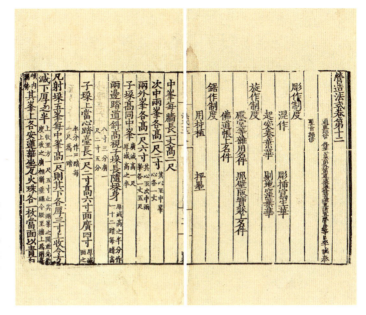

李诚《营造法式》，即使南宋刻本今也凤毛麟角，这是宋刻残本中的两页。
国家图书馆藏

本来知晓不多。之前在临安时对这部《营造法式》曾有风闻，可当时有人说这书在战乱中已散佚了。今天意外地看到这本书，第一页就叫他瞪大了眼睛。

这一页，是《营造法式》首次雕印时，原文照抄崇宁二年（1103）正月十九日颁布的一道皇帝敕令，讲述了《营造法式》一书的来由——

此书最初受命编写于神宗熙宁年间（1068—1077），成书于哲宗元祐六年（1091）。但哲宗皇帝对这书并不满意，认为书中只讲了如何控制建筑工料成本的办法，却没有对制作和使用建筑材料作制度性的规定。特别是，对于工料的定额，标准太宽，以致无法杜绝舞弊行为。对此，李诫奉命对此书进行了重修。经过深入调研、反复审核，元符三年（1100）完成了重修，并最终得到了哲宗皇帝的认可。徽宗皇帝即位后，李诫认为这部书对营造制度和用工用料作了规定，应该在全国各地加以推广应用，所以请求雕版刊印。他的建议最后得到了皇帝和三省官员的同意，于是就有了这道敕令。

可见，这是一部得到大宋三代皇帝"点头"的法定营造制度。王晚陡然感觉到了此书的分量。他在临安为官家造房子时，最头疼的就是太常寺和将作监都拿不出完整而确切的宫室营造制度，一座宫殿的方位朝向、长宽大小、形状颜色等等，都没个准。工料使用也无明确规定，都是率性而为。结果一到工程决算时，他常常因为决算大幅突破预算，而被搞得头也大了。若不是秦桧

李诫《营造法式》详尽记载了宫廷殿堂的大木作制度。故宫博物院藏清初影宋抄本

李诚《营造法式》广征博引文献中对宫阙等建筑的释名。故宫博物院藏清初影宋抄本

罩着，他早被撸下去了。

翻到第二页，他看着看着，忽然脸红起来了。

这是一篇李诚写的序言。其中讲到，在大国京都，九重宫阙的营造，必须筹划好内部宫寝的布置和外部宗庙、朝廷建筑的次序和位置；各类官署建筑要相互联系，按序布局……宫室在建造中，手艺再巧的工匠也难免会有走样的时候；主管工程的官员，也不可能兼通各类工种。在这里，李诚点到了当时土木营建中的一些弊病，点到的主管官员，正是像王映这样的人。而让王映脸红的是，他自忖自己恐怕是一类工种都未必精通，更遑论什么兼通了。

王映还能脸红，说明他的"三观"还是有些正面内涵的，而且也有自知之明。他觉得，李诚的这些说法点到了要害，这部书能为大宋重要土木工程立下营造制度和规矩，真是件功德无量的事！

再翻到书的第一卷，李诚先对建筑类型上的宫、阙、

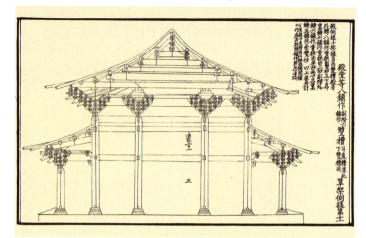

李诚《营造法式》宫廷殿堂大木作图样。故宫博物院藏清初影宋抄本

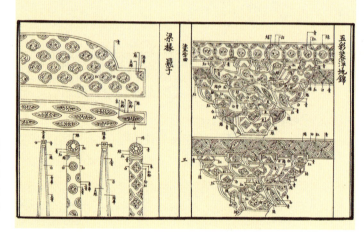

李诚《营造法式》斗拱图样及其色彩标注。故宫博物院藏清初影宋抄本

殿、堂、楼、亭、台、榭、城、墙等专业名词，引用大量文献一一做了解释。名正才能言顺，对于专业性极强的土木工程，这本书在做名词解释时，等于也是立下了一个重要标准。

这书共有三十四卷，细致而系统地讲述了建筑的制度、作法、用料和用工，王晞越看越着迷。

翻到后面第二十九卷时，王晞的眼睛又瞪大起来——这之后的五卷内容全是精心手绘的图样，从建筑施工工具，到木石材料的加工制作，各种建筑部件的样式图案、组合工艺，等等，应有尽有，精细详尽，整个就是一看明了的"施工图"。工匠即使认不得几个字，依样画葫芦也没啥大问题。

王映叹为观止，拍案叫绝！

看着已经翻得有点破旧的书，他一个念头闪过：这书必须再版重刊，必须！

去年离开京城时，从皇城宫室到各大官署的工程建

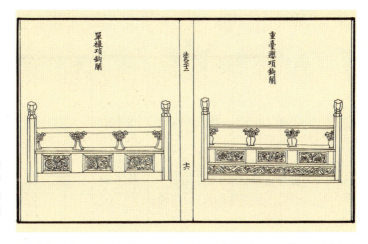

李诚《营造法式》中的栏杆图样。故宫博物院藏清初影宋抄本

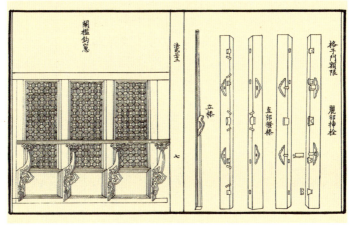

李诚《营造法式》阑槛（即栏杆）钩窗及格子门窗作法图样。故宫博物院藏清初影宋抄本

设，方兴未艾。他觉得，如果能将这部书尽快重印出来，对整个京城建设，堪称雪中送炭，这也是俺工部侍郎的分内事。官家要是看到这由三位先帝经手打理的典籍，还不乐坏了？

说干就干。王晚叫来手下官吏陈纲，让他负责对这本书的文字和图样进行全面校勘和整理，力求将差错率减少到最低程度。同时动用府库资金，延请写样高手，招揽能工巧匠，选用优良纸墨，热火朝天干起来了。

这年的五月，在首次雕印四十多年后，《营造法式》再次被官方刊刻出版。

李诫《营造法式》于绍兴十五年（1145）整理重刊的记载。故宫博物院藏清初影宋抄本

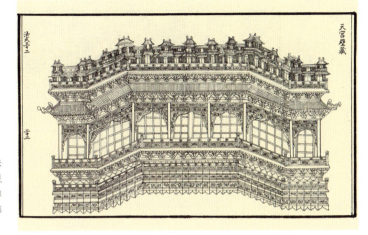

李诚《营造法式》天宫壁藏图样。故宫博物院藏清初影宋抄本

《营造法式》的官刻再版，是王晚干的一件最有"功德"的事。

中国建筑史上有一座让人尊崇的高峰，这就是《营造法式》。前面提到的喻皓《木经》，宋人评价是"极为精详"；而《营造法式》有过之而无不及。

《营造法式》来之不易，作者李诚虽说有的是官方资源，编写中却耗费了三十年左右的时间，从年富力强一直写到垂垂老矣，耗尽了他最具创造力的年华。中间因为皇帝的不满意，还返工了一次。"靖康之变"天下涂炭，《木经》从此失传，《营造法式》也成了稀有濒危"物种"。现在王晚对《营造法式》及时加以整理重刊，李诚以及无数能工巧匠的经验和智慧，得以从濒临失传中挽回，一代最高技术水平的国之瑰宝，得以全真再现，绝地重生，这太让人振奋了！

对正在如火如荼营建的南宋皇城来说，《营造法式》的重刊正当其时。皇城正在建设或将要建设的大多数宫室建筑，有了《营造法式》这样一整套非常严谨、系统

李诚《营造法式》天宫楼阁图样。故宫博物院藏清初影宋抄本

和完备的祖宗制度，工程的规范性、准确性和科学性大大提高；反过来也可以说，《营造法式》因为正当其时，大有用武之地，也焕发了新生。

甚至，明清以至现代，大量国家顶级和重量级的工程建设项目，都有对《营造法式》的参照和借鉴。《营造法式》堪称一部千年不朽、历久弥新的典范佳作。

作为一部制度性的典籍，《营造法式》在当时官场中显现了它的约束力，使六部之一的工部出现了一种"清水衙门"的现象。

大诗人陆游晚年在光宗绍熙元年（1190）后蛰居山阴（今浙江绍兴）故居，著书写作时讲过这样一则"段子"：

说是北宋自神宗元丰年间（1078—1085）进行官制变革后，六部各司的官员工作繁简劳逸不均，忙的忙煞，闲的闲煞。当时有人开玩笑说："吏勋封考，笔头不倒。户度金仓，日夜穷忙。礼祠主膳，不识判砚。兵职驾库，典了被裤。刑都比门，总是冤魂。工屯虞水，白日见鬼。"

这则笑话的意思是说，吏部各部门官吏因为要管的官员实在太多，忙得笔都停不下来；户部各部门官吏要管的钱粮账目实在细碎，也忙得日夜颠倒；礼部各部门官吏平时就比较空闲，闲得基本业务都生疏了；兵部只管地方上的保甲和民兵，各部门官吏就管了几件仓库里的蓑衣袯裤；刑部的职责只剩下了处决死刑犯，所以各部门官吏对正经业务越来越荒疏，到后来难免出现冤死的鬼魂；工部因为《营造法式》的约束，"油水"工程甚少，各部门清闲无人，都可以白日见鬼了。

这是北宋的情况。到了南宋，六部官员的境遇又有变化。于是这个笑话变成了："吏勋封考，三婆两嫂。户度金仓，细酒肥羊。礼祠主膳，淡吃虀面。兵职驾库，咬姜呷醋。刑都比门，人肉馄饨。工屯虞水，身生饿鬼。"

那意思是说，吏部官吏整天忙着为那些南渡逃难时丢了委任状的官员补办证明，收礼收得手抽筋，日子长了这些官吏谁没有个三妻四妾；管钱的户部官吏每天应付别人的饭局酒席，也没个空闲；管皇家祭祀活动的礼部官吏，没人孝敬送礼，所以一个个清汤光水，只能淡饭素食过日子；管军饷赏银的兵部官吏，每天接待的送礼官员络绎不绝，自然都能吃香的喝辣的；刑部官吏没处"发财"，最后想到鱼肉犯人，能勒索到几个吃馄饨的小钱也好的；工部官吏最是不济，没法从基本建设中搂钱，想钱都想疯了，活得像个饿煞鬼。

陆游的这个"段子"，除了反映古代六部衙门的"吏贵、户富、礼贫、兵武、刑威、工贱"的特点之外，也形象地描绘了两宋的吏治状况，刻画了官员们行贿索贿、腐败到底的嘴脸。

但从工部这个角度来看，两宋时也许正是有了像《营造法式》这样详尽而周密的制度规定，这里的官吏相对来说，难以从业务办事中营私舞弊，或大手大脚行事。至少在南宋的一段时间里，工部在六部中算是个清水衙门。

再从南宋皇城的建设来看，《营造法式》为宫室的营建找到了翔实而准确的依据。整个宫城面貌从俭省节用向踵事增华转变，也有了充足的理由。但反过来说，这部书从制度上也一定程度地制约了宫室建设中无节制和无底线的奢靡之风。

因而，王唤重刊《营造法式》，功不可没。

第五章

文治：集聚英才的文化高地

文德殿，正衙，六参官起居，百官听宣布。绍兴十二年建。紫宸殿，上寿；大庆殿，朝贺；明堂殿，宗祀；集英殿、策士。以上四殿皆即文德殿，随事揭名。

——《咸淳临安志》卷一

选德殿，孝宗皇帝建，以为射殿。御坐后有大屏，分画诸道，列监司郡守为两行，各标职位姓名。又图华夷疆域于屏阴。诏学士臣周必大为记并书。

——《咸淳临安志》卷一

1. 一场考试，
惹得千里之外人顿起杀心

西斜的阳光，透过凤凰山上的树梢，穿越长廊梁柱之间，一直照进了行宫东北角的讲殿中。临时设在这里的一场考试，此时已接近尾声。

一名衣着光鲜的内侍①，在几名随从的簇拥下，走进讲殿。他环顾了一下这已经很空旷的场景，见仍有两个人埋头坐着，顿时皱起了眉头。他走到其中一名正在伏案书写的人跟前，以一种很不耐烦的口气说道："时辰到了，收了收了！"

那书写人吃了一惊，一脸惶恐，急急收了笔墨，将案上卷纸叠放好了，叹口气，站起身低头向外走去。

那内侍走到另一个四十光景的中年人前面，手指敲敲桌案，一脸鄙视地说："时辰不早了，回去再用功吧！"

中年人瞥了一眼内侍，仍顾自己唰唰地继续写着。

内侍心中冒火，尖细的嗓门提高了一度："说你呢！回家去写吧！"

① 内侍即宦官，古时也叫寺人、阉人、中官、内官等，明代以后称太监。

122

中年人将笔舔了几下砚池里的墨，扭头打量了一下那内侍，不慢不紧地说："没见有人唱漏①啊！这里的规矩你知道不？聒噪！"

那内侍没料到对方竟然敢于顶撞自己，而且直指自己不懂规矩，又惊又怒，却一下子口拙起来，结巴着说不成一句完整的话。

那中年人将笔往笔架上一搁，说："巧了！说到曹操，曹操就到！"回头又瞅了那内侍一眼："说你呢！正写到你们这帮祸乱朝政的人！那个竖貂和伊戾的故事，知道不？不知道，那前些年本朝的'苗刘之变'知道不？"

那内侍闻声脸色大变，转身就走。一帮随从跟着他也走得一个不剩。

这位中年人叫张九成，是临安府盐官县（今属浙江嘉兴）人。这天，绍兴二年（1132）三月二十三日，他正在这座讲殿中，参加三年一度的科举最高等级考试——殿试。殿试就是以皇帝口吻提出"策问"，围绕如何经邦济世这一时政大事，要求刚刚通过尚书省礼部考试的中选举人，在规定的时间里提交"策论"。

从一早进宫到现在，绝大多数人已交卷走人了，只有张九成和另外一位举人还在答卷。那内侍见天色不早，想尽快清场了事，便有了刚才那番撵人的举动。

可是张九成不吃他那一套，搬出两个古人和两个今人，就把他吓跑了。

这两个古人和两个今人，有这么厉害吗？原来，这些人涉及的事儿，还都与内侍有关。

① 唱漏，古代以刻漏计时，时辰到点有专人报时，称作唱漏。

两个古人中的竖貂，是春秋时齐国的宦官。齐桓公病危时，竖貂作乱，活活饿死了桓公。不过竖貂也不得好死，遭人暗算，在宫中被伏兵剁成了肉酱。另一个伊戾，春秋时期宋国的宦官，在宋平公面前装正派，暗中却伪造证据，诬陷太子图谋叛乱，害死了太子。但他最后还是被弄清事实真相的宋平公给烹杀了。

两个今人"苗刘之变"的主角苗傅、刘正彦，因为对赵构赏罚不公以及重用内侍不满，还有看不惯赵构的畏敌如虎和不思进取，建炎三年（1129）三月在杭州愤而兵变。兵变中，苗、刘率部杀入宫中，见内侍就杀，许多没有胡子的人，也被当作内侍而惨遭杀戮，赵构身边的内侍差点死光光。

张九成将这些"掌故"点了一下名，那内侍就像被击中了要害似的，两脚发虚，掉头就跑。

张九成《状元策》写到的竖貂（写作"孺刁"）和伊戾乱国之事（其中宋国避作"唐"）。宋刻本《横浦先生文集》，国家图书馆藏

讲殿中，这时除了监考官，就剩下张九成一人了，只见他神情自若，奋笔疾书，终于在收卷的最后时刻，完成了全部答卷。

他是今天最后一名交卷的人。但张榜结果却出人意料，本次科举状元，竟然就是张九成！

有点离奇吧！但更离奇的事还在后面呢。

张九成在"对策"中都是联系当下实际，剖析时弊，提出建议的。

譬如，对于这些年来赵构东藏西躲，到处逃避金兵追杀的怂样，他说，陛下您应该内心坚强，为人正大，振作精神，有个中兴之主的范儿。又譬如说，那个傀儡皇帝刘豫，只是个无德无能、少廉寡耻的家伙，别看今天闹得欢，那都是儿戏，就像耍小聪明的小雀儿，没必要把他太当一回事儿。再譬如说，您现在住的宫殿，春暖花开，风和日丽，再看看自己穿的、吃的，可别忘了太上皇还有您的皇兄，正过着囚徒生活，得想方设法尽快搭救他们。

至于他在考试现场对那个内侍说的，也是大实话。他在"对策"中直截了当指出，现在宫里一些内侍在外面人五人六的，名气很大，可我告诉您，这对国家来说是不祥之兆！他建议官家每天多待在讲殿里，多听听翰林学士谈论古今成败教训，而将身边那些内侍的话，当作半夜三更狐狸的呜呜叫，或者看成大白天里猫头鹰的手舞足蹈，千万别被迷惑了。

末了，还有见肉见血的狠话说：应当立下规矩，严禁内侍与官员交往！有谁干预政事，必须予以诛杀！

张九成这篇答卷就这么痛痛快快地把他心里想说的和盘托出，却把宰相吕颐浩弄得心惊肉跳。官家的怂样、朝廷的忧虑、放弃中原的节奏，甚至官家身边内侍的所作所为，都是明摆着的事实，但别说一位白衣学子了，就是满朝文武百官，谁又敢这么挑明了直说？

可在最后决定张榜名次的时候，赵构偏偏就把张九成定作了新科状元，把余杭考生凌景夏列为榜眼。吕颐浩还想和稀泥，说凌景夏的"对策"也很棒，而且文采比张九成还要胜出一筹，建议状元的人选还是考虑凌景夏。

没想到赵构这次很坚决，说张九成的"对策"虽然遣词造句上欠些工稳，但是，他却能从上到下，从朕本人到使唤侍从，有啥说啥无所回避。把这样敢说敢当的人列为状元，谁还能有闲话？

官家钦点的状元，官场上自然没啥闲话了。可是野史中还是有些"闲话"的，说赵构之所以点张九成为状元，另有隐情，因为赵构排行老九，张九成的名字"九成"，对他来说大吉大利啊。所以，张九成能够高中状元，一半是这名字取得好。这其实是没有看到张九成"对策"的具体内容，而想当然的无稽之谈。

就这么着，张九成成了赵构来到临安城后，第一位从殿试中脱颖而出的状元。

状元的答卷自然是世人关注的一个焦点，张九成也不例外，那份快人快语的"对策"很快流传开来了。

这一流传，出了状况。大家原以为宫里那些内侍会咬牙切齿，甚至寻机报复，弄出什么么蛾子来，可是过

张九成《状元策》中对刘豫不屑一顾。宋刻本《横浦先生文集》，国家图书馆藏

了一段时间，啥事没有。让人绝想不到的是，千里之外，却恼了一人。谁啊？住在开封城里的"大齐"刘豫皇帝。

要说这刘豫，整个儿就是金人包装的一个傀儡，金人说东他不往西，金人说狗他不撵鸡。所以很多人有个共识，都称他的政权是"伪齐"。

当南宋新科状元的"策问"答卷流传到刘豫手上时，一下就点着了他的肝火。可能也是当时信息传播不对称的普遍现象，刘豫见到的这份答卷，与原本真迹还是有不少出入的，例如张九成原本描写那些内侍的形容词，像什么"半夜三更狐狸叫"啊，"大白天里猫头鹰的手舞足蹈"啊，现在连同那些"耍小聪明的小雀儿"等，统统"荣归"了刘豫一人。

这叫刘豫架不住了。建炎四年（1130）七月他被金

人册封为皇帝之后，各种骂声他没少听说，可从来没有像张九成这么骂的。狐狸的狡黠多疑，猫头鹰的怪异不祥，小雀儿的无足轻重，没这么损人的！

刘豫本来就不是有心胸的人，一怒之下，铮的一声拔出了随身佩剑。

他想干吗？他想立斩张九成！可是一转念，这主儿远在江南，自己这把剑够不着啊。但心头怒火实在压不住，他狠狠地一拍桌子，传令左右：找一名靠得牢的刺客，就拿俺的这把宝剑去临安城，把那张九成给做了，成功了重重有赏！

要说张九成在殿试答卷中鄙视小看刘豫，把他归入根本无须顾虑的这类人，还真有点道理。

张九成墓碑：
"宋赠太师崇国公赐谥文忠状元子韶张公（讳九成，配林、马太君）墓"。该墓碑2015年发现于浙江嘉兴海宁周王庙镇

刘豫手下人接到募人暗杀张九成的命令后，马上就干了一件非常离奇而搞笑的事：在汴京城里最热闹的大街四岔路口，张榜招募刺客。

刺客杀人那绝对是隐秘中的隐秘，但刘豫要派刺客杀张九成的事，就这么诡谲地大白于天下，瞬间没了任何悬念，谁愿意自己找死去揽这种蠢事？

很快，张九成也听说了这事，呵呵一笑，丢开了。

2. "倒骑龙"背景下的
"多功能"宫殿

　　与张九成一起成为在临安行宫殿试中首批取得功名的进士，共有二百五十九人。但他们并非南宋历史上的第一批进士。

　　南宋第一批通过殿试的进士，多达四百五十一人。那是建炎二年（1128）九月九日，赵构在扬州行宫的集英殿上亲自宣布的，那科的状元叫李易。

　　宋室南渡，这是一段史上极度动荡的岁月。但天下终究没有分崩离析，这里面，人心起着重要作用。以社会的中坚力量知识阶层中的士子来说，他们当中的大多数人，就像李易、张九成一样，即使国家处在危亡时刻，仍然期待着朝廷开科取士，自己在博取功名的同时，也为赵宋王朝的继绝存亡而殚精竭虑，尽其所有。

　　这得益于从太祖赵匡胤就开始的一系列科举制度的改革。

　　唐朝立国之初举行了一场科举考试，在皇宫端门前放榜时，太宗李世民心里得意扬扬,说出了一句史上名言:"天下英雄,入吾彀中矣！"意思是说，天底下的英雄才俊,统统落入我的圈套了。读书人是左右国家未来兴与衰的中坚力量，所以李世民将他们视作自己可资取用的英雄。但唐朝的贵族社会传统，决定了读书人多是显官权贵的"门生"，未必就是你皇帝掌控的人才。

而赵匡胤的眼光贼精明！他用一个"殿试"的手法，就将天下读书人中的佼佼者，一举变成了"天子门生"。当皇帝在大内宫殿上一一唱名新科进士时，这些读书人大多就此开启了忠诚赵宋、赤心报国的人生之旅。

"殿试"也叫"御试""廷试"或"廷对"，就是由皇帝亲自参与最后的进士复试和选拔，从出题目到定名次，皇帝亲力亲为，全程顾问。从"殿试"这个名称来看，通过"省试"的举子们，全都要集中在宫中某个大殿中，在规定的时间里完成科目考试。所以，在禁卫森严的皇宫大内中，除了朝廷官员，平民布衣中的学而优者，才有机会进入其中。这对当时的读书人来说，当然是莫大的荣幸。

然而，到了南宋初期，殿试的情况有点尴尬，因为没有一个专用的宫殿。

绍兴十二年（1142）十月二十七日，赵构接到臣下报告，说是文德殿如期开工，垂拱殿也已完成规划，年底前可以开工。这两组宫殿建在宫中的外朝办公区，是君臣上朝议事的场所，房屋空间也足够大，办公条件可以改善很多。但就这样一件大好事，却给赵构带来了烦恼。

烦恼些啥呢？宫殿还是不够用。

当时宫中的第一号建设工程是从金国归来的太后韦氏的居所慈宁殿。文德殿和垂拱殿也是因为营建慈宁宫的机会，借用现成的监工、工匠、设备和场地，添加一些工料开建起来的。

但作为日常正式的君臣办公场所外朝宫殿，不是你宋朝，甚至不是唐朝和隋朝说了算的，得按照古时候周礼的"三朝制度"，对一系列办公的宫殿作出功能定性。以北宋汴京故宫为例，一个外朝大致要有三大块办公场所：一个是外朝正殿大庆殿；其次是正衙文德殿，为了区别外朝正殿，也称中朝；然后又有常朝的垂拱殿，以及备用的前殿紫宸殿。

外朝这些宫殿功能各异，什么宫殿做什么事，都有制度规定，不能"越界"。比如说，新年的朝贺大礼、重大宣告或重要任命、重要的邦交活动，一定得放在外朝大庆殿中举行，可见大庆殿有点像它的名字，是个仪式感很强很隆重的宫殿。君臣早朝议事这些例行公事，则在中朝文德殿举行。皇帝退朝、用过午膳以后，平常再有什么需要跟臣下或者特殊的人议事交流的，则安排在常朝垂拱殿里，属于非正式办事场所。这几座宫殿分工明确，各有用途。

除此之外，皇帝回到自己私人的起居领地，还有正经事儿要做，譬如晚上读书想找个陪读的人，那就不在外朝宫殿了，而是放在内朝的讲殿中。

现在南宋皇城中的文德殿，是作为例行办公的正衙来营建的，在外朝和中朝的概念中已经模糊了界限，也就是说，已经有把它既当作中朝正衙，必要时也能当成外朝的大庆殿来用的考虑。早朝的正衙之外，常朝仅垂拱殿一座宫殿。所以，现在可以用来日常办事的场所，最多就这两座宫殿。

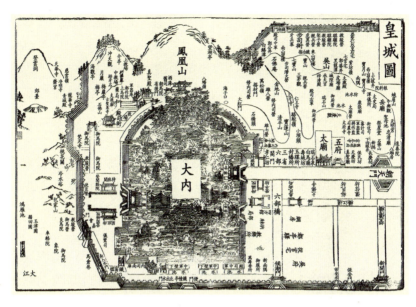

宋版《咸淳临安志·皇城图》（地图方位左南右北）

但伸手来要房的部门还是不少，三省六部都有，都要求官家能充分考虑他们的实际需求，在宫中给套房子。

这些部门摆出来的理由还非常充足，就是拿汴京故宫说事，说那里最重要的外朝宫殿大庆殿，在它的左侧，靠近文德殿一带有中书省、都堂、中书后省、门下省、枢密院、门下后省和国史院等等中央官署，由此形成了一个"外朝区"。大庆殿右上边的宫廷服务区内，还有翰林天文局这样的官署存在（参看本书第三章第 68 页插图）。可是现在，官家您把这些官署衙门统统撵出宫外，咱们上班实在是不方便啊！

怎么就不方便了？

您看，咱这宫城不比汴京城里"坐北朝南"的故宫，相反却是"坐南朝北"的，紧挨着临安城的最南边，一出南门就是城外了。所以现在咱们这些官署，基本上在大内以北一直到朝天门（今杭州鼓楼）一带。可每天上朝按规定又必须从大内南门进宫，这就很辛苦了，得从东边往南绕过整个大内，每天上班光是这一大圈路走走，都够呛。

赵构皱着眉说，大家上朝得绕圈子的实际困难，不是已有考虑了嘛，已经准许平常时候可以从大内北门进来，不是吗？

可官员们还要找理由，说官家您是准许咱们从北门进宫了，但临安城里都在说笑话，说咱们上朝好有一比，整一个"倒骑龙"。您听听这话，啧啧！

礼部官员更是振振有词。说以前宫城草创之初，咱们都理解官家您的难处。可现在整个宫里渐渐走向正轨了，宫殿房屋也多起来了，您总不能让咱们老是这么将就着过日子吧。就拿礼部负责组织的一个殿试来说，当年在扬州行宫时，参照汴京故宫的做法，还特意辟建了一座集英殿。但之后到绍兴府，到现在的临安府，殿试的宫殿就没个着落了。

赵构一回想，还真是这么回事。绍兴元年（1131）那会儿他在绍兴府（今浙江绍兴），碰上三年一次的省试和殿试年份。可是当时在绍兴府简陋的行宫里，就一座大殿可以拿来用作举子们的殿试场所，偏偏这年正碰上内容庞杂、礼仪烦琐的明堂大典，殿试一时找不到合适的场地，只好延期举行。这一延时就到了第二年，而行在又迁移到了临安府。临安府行宫刚刚草创，一切从简，哪有集英殿的影子？殿试不能再拖了，只好把翰林学士专为自己讲论经史的讲殿，临时腾出来，充作殿试的场所。

绍兴二年的这场殿试总算给对付过去了，但殿试总得有个相对固定的场所，不能老这么临时抱佛脚。于是，赵构后来干脆就把讲殿改称"射殿"，作为以后殿试的场地。

那时行宫的房屋不够用，而殿试反正三年才有一次，闲着也是闲着，绍兴四年（1134）二月，射殿被派了另外的用场，当作景灵宫，作为一年四时祭祀赵氏远祖的场所。这样一来，殿试到现在始终没个正式场所。

这叫礼部官员很是委屈。眼见得文德殿开建了，接下来垂拱殿也将拔地而起，据说官家还打算翻修"射殿"，就是原来那个"讲殿"，打算收回去改叫"崇政殿"，仍划归内朝宫殿，作为翰林学士给他讲史读经的地方。由此看来，殿试的场所应该另有考虑了，这时候不赶紧伸手来要房子，以后还轮得上吗？所以，礼部官员抢房子最积极，也是可以理解的。

过了几天，也就是绍兴十二年（1142）十一月十二日，垂拱殿也正式开建了。借此机会，赵构在朝堂上向各衙门官员提出了一揽子解决宫中办公用房的方案。他一开口，官员们全傻眼了。怎么回事？

赵构说了，各衙门想搬回宫内来办公，心情可以理解，但就别存这个念想了。宫里也是百废待兴，都克服克服，"倒骑龙"总比"倒骑驴"好吧，正经干事就行了。

见大家面面相觑，一副失望的样子，赵构也不多啰唆，叫来一名内侍，宣读了一份有关文德殿今后使用办法的谕旨：平时当作上朝的正衙，包括封赏百官时，就叫"文德殿"；每年官家做寿庆生时，挂牌叫作"紫宸殿"；新年朝贺、朝会大礼，以及重大国事需要昭告天下时，翻牌叫"大庆殿";官家祭祀祖宗先帝时,牌子换作"明堂殿";三年一次开科取士用作殿试时,另换牌子叫"集英殿"。一句话,这文德殿一殿多用,需要用作啥事,就翻牌叫啥名字。

下面的官员全愣了,敢情一座宫殿还有"多功能"用法,脑洞大开啊!

赵构这创意也是被逼出来的,很有破天荒的勇气。大家见官家都把自己的寿礼大典也搁在文德殿里,都这么说了,自己还能再提什么更高的要求和待遇吗?伸手要房子的事也就这样停息了。

3. "射殿"
不是让你来射箭娱乐的

那天宣读文德殿"多功能"用途时，赵构还说了一件事，就是改建射殿。具体设想是，将借此安身的景灵宫迁出皇宫，另在钱塘门（今六公园附近）北边找块地重建。在现在射殿的两边，加盖两排南北向、形同长廊的厢房，给晚上陪读的翰林才子们当宿舍。两排厢房北边一头，与射殿东西两侧作为侍从房间的朵殿连通，南边这头，又跟南侧廊道和殿门连作一体。这样就形成一个四合的院落空间，也可以用作射箭场。整体建筑名称吸收了御史台官员的建议，就叫做"崇政殿"，主殿仍旧叫"射殿"。

这个想法挺好，毕竟皇城是个戒备森严的地方，各种规矩烦琐而严格，那些才子们晚上陪官家读书搞得太晚了，再想叫开宫门出去，就不太方便了。射箭场用建筑围合，也比较安全。

隔了两天，即十一月十四日，射殿改建工程也启动了。

那么，赵构为什么非得建个射殿？真喜欢射箭吗？

其实，"射"是中国古代儒家提倡的六艺之一。六

南宋萧照《中兴瑞应图》中的射箭场。画中赵构双臂举两米囊站在场上。上海龙美术馆藏

艺就是上层社会和儒生需要掌握的六种技艺，具体是礼（礼节）、乐（音乐）、射（射箭）、御（驾车）、书（书写）、数（算术）。在儒学成为主流统治思想的时代，作为一名皇帝，理应具备文韬武略，"六艺"是必备的技能。最早的射殿其实就是建在皇帝射箭场边上的一个宫殿，譬如，隋文帝杨坚在开皇六年（586）九月四日，请他的文武百官来长安宫中的射殿，大家一起玩射击比赛。

到了北宋，射殿在内容上有了比较实在的变化，更多发挥的是检阅武备、选拔武官、嘉勉将士等用途。

所以，宫中射殿其实也是一个"标配"。但它也绝不只是用来射箭的。

射殿这次改建后过了三十多年，在孝宗赵昚淳熙二年（1175）九月时，被一场突如其来的大火焚毁。当时火势凶猛，还差点烧毁了附近的东华门[1]。

射殿被烧毁后的十二月，就得以在原址兴工重建。

① 《宋史》卷六三记载射殿焚毁在淳熙三年（1176）九月。周必大《玉堂类稿》卷一八《修盖射殿门上梁文》作于淳熙二年（1175）十二月二十二日。疑《宋史》记载有误，射殿发生火灾似在淳熙二年九月。

很快，一座规模壮丽、飞檐翘角的新射殿，在宫中再次矗立。此时它还有一个新名字，叫"选德殿"。

选德殿，这是什么情况呢？

且看一则小故事：

时在元宵之夜，宫中侍卫"王班直"穿过张灯结彩、笑语盈盈的御街，来到东华门前。守门禁军见他头顶上交脚幞头的两边，各簪着一朵翠叶花，便问也不问，放他进了大内。

他一路过了凤阙龙楼，经过紫宸殿，转过文德殿，看那殿门上各有金锁锁着，便从边上转到一个偏殿，见匾额上金书"睿思殿"三字，底下一扇朱红槅子门虚掩着。他知道这是官家看书之处，便闪身而入。进到里面，见正面一张御座，两边几案上放着文房四宝：花笺、龙墨、象管笔、端溪砚。书架上尽是图书，各插着牙骨书签。御座后面那座屏风上，画着一幅青绿色《山河社稷图》。

他转到屏风后面，却见素白的屏风上，写着四个人的姓名：山东宋江、淮西王庆、河北田虎、江南方腊。

这是施耐庵《水浒传》第七十二回"柴进簪花入禁院"中的一个情节，潜入皇宫的"王班直"原来是梁山好汉"小旋风"柴进冒充的。虽说这是小说家言，但其中的场景与宋朝宫廷的实际情况，还是有很多相似之处，比如皇帝书房中的那座画着山川地图的大屏风。

皇宫里的屏风其实很重要，还很有来头。《礼记》中说："天子负斧扆南乡而立。"①规定天子必须在绘有黑白相间如斧形花纹的屏风前，面朝南方，临朝听政。

① 扆，音 yǐ，即屏风。斧文，也写成"黼文"，黑白相间如斧形的花纹。

屏风既有实用价值，又有美学价值。古代文人喜欢在精工细作的屏风上题诗作画。这一来，原本用来挡风遮物的屏风，被赋予了新的美学意义。唐太宗李世民还把一些治国之道写在屏风上，以为自勉。所以，一幅屏风大有内涵。

淳熙五年（1178）九月五日，赵昚刚结束了一场射箭活动，坐在选德殿中休息。殿中他的御座背后，是一座巨大的金漆屏风。

这座屏风非常特别，上面没有一般常见的山水楼台或花鸟人物画，一眼望去，贴着一张张黄色的小标签。走近点就可以发现，这些标签上写着各地州郡主要长官的姓名和职位，以及简明扼要的几句话。这或许就是一个宋朝地方官的"备忘录"，但它真正的玄机，却隐藏

施耐庵《水浒传》第七十二回"柴进簪花入禁院"中皇帝书房睿思殿，屏风上绘有一幅天下州郡地图。明容与堂刻本，国家图书馆藏

在背后。原来，屏风背面是一幅满屏的《华夷图》，包括北方沦陷土地的宋朝疆域全在这幅地图上。

赵眘非常喜欢坐在这里，一个人的时候，他会长时间看着这些黄标签，一会儿支颐沉思，一会儿又转到屏风背后，直直地盯着地图看。

他是一位非常想有所作为的君主，他想通过这座特制的屏风，随时查阅各地方官的重要言论和主要政绩，并且与整个大宋的地理形势关联起来，或许从中能发现富国强兵的人才，发现运筹千里、决胜中原的奇思妙想。

但今天他坐在这里，却被贴在屏风上的两张白麻纸吸引住了。赵眘的视力非常好，他不用站起身凑近去看，就能清晰认出上面的蝇头小楷。这是吏部尚书周必大写的一篇六七百字的文章，题作《选德殿记》。

这其实是赵眘特意让周必大写的一篇命题作文。此事的由来是，赵眘借选德殿重建之机，专门在边上辟建了一个射箭场，同时也可用作蹴鞠①场。这样一来，南宋皇宫中第一次有了蹴鞠的场所。

刚开始，赵眘也就图个新鲜，可是玩着玩着就上瘾了，每天不下球场踢几脚，这日子就不算完。到后来，一天的业余时间全泡在这里了，不但跟一帮内侍混在一起踢球射门，还要人把以前太宗皇帝时候的一整套蹴鞠仪程和玩法整理出来。于是越玩越专业，越玩越起劲了。

这年六月初的一天，赵眘一身臭汗刚从球场出来，周必大迎面就上来数落他，官家您过分哦！您这么沉湎于踢球，说得好听点叫不忘习武，说得难听点叫不懂自爱！可是，大宋两百年天下现在都寄托在您一人身上，

杭州风迹 HANG ZHOU

①蹴鞠，音 cù jū，脚踢皮球，类似后世的足球运动。战国时期即已出现，在古代中国非常流行。

您知道不？

　　赵昚早些时候踢球，不小心伤了一只眼，碰巧金国使者来祝寿，打听到他眼睛有伤，便弄来一个千手千眼的白玉观音作为寿礼，搞得宋人很尴尬。周必大现在这么一说，他忽然有所觉悟，便一脸虚心的样子说，朕不也是因为不忘国仇家恨，为了一雪国耻才这么勤学苦练的，不过你说得对，也是担心朕在踢球时出什么意外吧？行，听你的，以后朕就少踢球，多射射箭吧。

　　周必大眉头一皱说，当初官家为啥把射殿改叫选德殿？建造射殿就是为了射箭玩吗？还不是因为以前秦桧嫉贤妒能，党同伐异，搞得朝廷今天人才凋敝，一才难求。您学太宗时的蹴鞠玩法，可您想过没有，太宗皇帝当初为真宗、仁宗两朝，积存了多少能人？仁宗皇帝又为英宗、哲宗两朝，储备了多少英才？您该效法祖宗涵养天下才

宋末元初钱选《蹴鞠图》局部。上海博物馆藏

俊的做法，学学这些正经事儿才对。

原来，儒家经典著作《礼记》说："射者，所以观盛德也。"又说："射者，仁之道也。射求正诸己，己正而后发"，"天子将祭，必先习射于泽，泽者所以择士也"。这些话是说，射艺可以反映一个人的道德修养和仁爱之心；作为君子，首先得端正自己的心态和品行，这样才能把握好该射什么，不该射什么。而作为一国之君，还应该领悟射艺的真正道理，去发现、网罗和选用杰出人才。

当初赵昚将射殿改称选德殿，既是提醒自己要做个正人君子，也是用以反省自己不要埋没人才。而根据周必大提出的"人才方略"，第一要博求文武英才，懂得平时"储材"的重要性；第二要对储备中的人才加以"分格"，做好分类工作，提高用人效率；第三要注意对各路官员做实际考察，也就是听其言，还要观其行，让真正能干事的人才脱颖而出。所以，选德殿也有了满屏的官员"政见"或"政绩"。

赵昚碰到周必大，一点脾气都没有。因为老周的人品和学问都不是一般的好，而是太好了。

之前老周还是临安城里的一名芝麻绿豆官时，碰上邻里着火，烧了大片房屋，官府追究责任，没人自首。老周为了不冤枉好人，"自诬"嫌犯，结果被一撸到底，罢官回了老家。但他居然能在第二年朝廷开设的博学宏词科[①]的考试中，一举夺魁，重启人生新境界。这样的奇人，天下还真难找出第二个来。

所以赵昚现在像个犯错的孩子，答应再不贪玩了。而通过周必大劝谏踢球这件事，也让赵昚觉得，选德殿的"内涵"很重要，有必要写篇文章好好阐发一下。作

① 唐朝为解决科举及第者能尽早做官而创立的一项科目选举制，既考学识渊博，又考文采恢宏，登科者立即授官。绍兴二十七年（1157），宋朝重开博学宏词科，周必大应试夺魁。

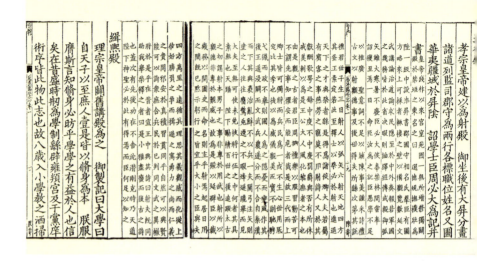

潜说友《咸淳临安志》卷一刊录的周必大《选德殿记》。宋刻本，国家图书馆藏

者也甭另外再找了，就老周啦！还有谁能比老周更有资格来写这篇文章？

周必大领了旨意，回家写成了《选德殿记》。文章中心意思说，这座宫殿并不是为了开弓射箭、娱乐消遣而建造的，用了"射"的名称，也非穷兵黩武的意思，而是崇尚道德修养和仁爱之心，所以它的名称借用《礼记》出典，有其丰富内涵。官家建造这座宫殿，就是为了在此访求群贤良策，处置国家要事，披览经史典籍。总而言之，选德殿就是官家昭告天下才有所用、国有所治的一个"标榜"。

六月十四日，周必大将文章呈给了赵昚。赵昚一边看，一边点头称赞。他的内心充满了感慨，今生能遇到像周必大这样忠心耿耿的人才，真是福气！于是，御座后的大屏风上，又贴上了《选德殿记》的全文。赵昚把它当作座右铭了。

微风掀动着满屏的签纸，赵昚发现贴了近三个月的《选德殿记》纸张有些破旧了，忽然觉得，这篇佳作应该换一种方式长久保存。

他立即叫来两个人，一个是内侍李裕文，让他传旨给周必大，要老周楷书重抄一遍文章，作为上碑文字。另一个是修内司最优秀的石工张隽，让他好生将这篇记文摹刻成碑。

这年的十一月十日，张隽完成了碑文镌刻，并将石碑立于殿内一侧。此后，赵昚走进选德殿，每每要在这方石碑前驻足片刻，暗暗提醒自己，一定要时时留意"选德"，留意发掘和选拔四方才俊，选用天下英才。

4. 从"集英殿"走出来的
民族英雄

山水之间帝王家 HANG ZHOU

天还没亮，寓居京城三桥①旅店的一位年轻人，就在他弟弟的催促下，挣扎着起床了。此时大约是凌晨丑时和寅时之交（约三点钟），再不走，进宫殿试就要迟到了。他匆忙洗漱了，急急出门，坐上一顶早已等候的竹轿，向东而去。

这天是理宗赵昀②宝祐四年（1256）五月八日，他刚过了二十一岁生日没几天，作为新科进士参加最后的殿试。

竹轿到了御街，右拐过朝天门（今杭州鼓楼），向皇城方向奔去。往年殿试考生都是从皇城北侧东华门入宫的，今年却改从南门丽正门进宫，所以今天进宫的路还要往东向南绕上一大圈。轿夫这时几乎是小跑着在赶路，轿子里的他被颠得头晕目眩。

他其实有病在身，两天前，因为吃了一条河鱼，浑身上下不舒服，胃口也倒了，整天昏昏沉沉的，打不起精神，情况一团糟。现在又被这轿子晃得七荤八素，恶心得快撑不住了。但他一想到今天的殿试，是多少读书人的渴望，便强忍难受，咬牙硬扛着。

① 三桥在今西湖大道和定安路交叉口附近，南宋时这里是旅店集中的地方。

② 昀，音 yún。

146

天色渐渐明亮起来，他终于赶到了皇城南门丽正门。门前广场上，已聚集着六七百个参加殿试的考生，都等着开门进宫。

突然，有消息传来，说现在正门不开，大家全都走东便门进宫。众人一声低呼，纷纷向东涌去。他夹杂在人群里，被拥挤着跌跌撞撞往前走。等到通过把门的禁军、内侍以及礼部官吏的反复检查，进到宫中时，他已是汗流浃背。然而，也就这一身大汗，让他顿感浑身通泰，仿佛忽然苏醒过来了。

皇城中最宏大的宫殿文德殿，今天挂匾叫"集英殿"。大殿中红烛高照，雕梁画栋色彩鲜艳，玉石陛阶润泽光亮，这是大宋文人心向往之的最高殿堂。按照座次坐下后，他微微闭眼，敛定心神，等待着殿试的正式开始。

当整个殿宇披上明丽的晨光时，官家赵昀在众考官和内侍的簇拥下，步履有些蹒跚地上殿了。赵昀身形肥胖，顶着一颗硕大的脑袋，整个人看上去比一般人大出了好几号。赵昀精神欠佳，坐上御座后，第一个动作竟然是在众目睽睽之下，打了一个深长的呵欠。

考试开始了——

在每位考生的桌案上，已经放着雕版印刷的一篇六百字考题"策问"。

大意是说，朕每天都很想把咱大宋治理好，可是这些年来，越是勤勉施政，治国之道好像越让人琢磨不透、触摸不到。国家现状却十分堪忧，举要说来就是教化不见成效，民生难遂人意，人才日益匮乏，世风日渐浮夸，国库日趋空虚，兵力日见虚弱，盗贼四下蜂起，边备一

筹莫展。这是因为朕的能力还不足以治国，还是施政教
化未能到位？朕孤陋寡闻，所以在此向各位士子请教了。
还请深思熟虑了再作对答，言语切勿偏激，也勿泛泛而谈。

一句话，今天就是要考生对怎样革除时弊、富国强兵，
提出言之有物的策论。

这道"策问"不同寻常！它着眼于时务实事，直指
流弊积习和国事困顿的八个方面，期待考生能有破题对
策。这跟以往经义取士的"套路"，即着重于对儒家经
典著作的理解和发微，明显不同。

试题揭晓，集英殿中的气氛一下凝重起来。一些人
沉思默想，不敢遽然动笔。也有一些皓首穷经的考生，
冷汗涔涔，当场蒙了。

殿试场景。原载常
国武《文天祥》

然而，六百多名考生中，唯有他似乎早已成竹在胸，只是略一思索，便提笔在砚池墨中轻轻抿了几下，铺平卷纸，毫无迟滞地写了起来。从开笔这一刻起，他似乎立即就切换到了思如泉涌的节奏，一发而不可收，什么列提纲、打草稿，统统免了，就仿佛信马由缰似的，写满了一纸又一纸。午时刚过，一篇万言文章已洋洋洒洒、一气呵成——交卷！

走出集英殿，他停下身，回首端详着这座眼下大宋最高等级的宫殿。它宏大而深邃，华丽而幽雅。他大致目测了一下：主体大殿五开间、十二架的宽度，八丈都不止（约二十五米），两边还各有一座两开间的朵殿，使得整座大殿呈现出顶级宫殿的九开间宽度（四十多米）；大殿进深约在六丈（约二十米），南侧又有向外凸出的一组三开间檐屋，每一开间的屋子长宽都在一丈五尺左右（约五米）。

风乍起，百草花木随风低首，而他，微微仰头，当风而立，一身简朴的布衣巾带飘然舞动，玉树临风一般。那巍巍宫城、郁郁青山、悠悠白云，一个个全成了"背景板"，衬托着他的丰伟挺拔、美皙如玉，还有那潇潇洒洒、坦坦荡荡的气度襟怀。

——太帅了！他是谁啊？他就是后来名满天下、永垂千古的文天祥！

年初，文天祥和他弟弟文璧，均通过了二月间的礼部省试，获得了殿试的资格。但因为一同而来的父亲病重的缘故，文璧决定放弃殿试，留在旅店中照顾父亲，而让哥哥一心进宫应试。

当文天祥走出集英殿、走出皇城丽正门时，他深深地舒了一口气。他觉得，自己今天的殿试表现，堪称痛快淋漓！为苍生请命，为国家立言，不负平生所学，足以慰藉卧病的父亲和留守的弟弟。至于能否金榜题名，已无奢求。

数天以后，主考官王应麟会同其他殿试官员，将阅卷结果一再斟酌后，确定了一份录取名单，呈送给官家赵昀作最后的决定。

赵昀按照名单上的名次顺序浏览他们的策论。对他而言，这本来就是走个程序，最后对榜单说声"准了"，今年的殿试就结束了。可是，当他看到第五名的策论时，忽然被吸引住了——

> 天地之不息，固道之不息者为之。圣人出，而为天地立心，为生民立命，为往圣继绝学，为万世开太平，亦不过以一不息之心充之……自有三坟五典以来，以至于太平六典之世，帝之所以帝，王之所以王，皆

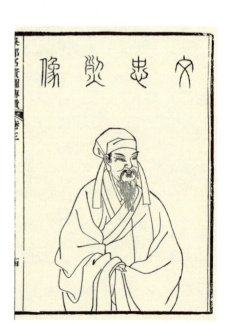

文天祥像。清顾沅撰、孔继尧绘《吴郡名贤图传赞》，清道光九年（1829）长洲顾氏刊本

自其一念之不息者……臣之所望于陛下者，法天地之
不息而已。

意思是说，治国之道与天地自然规律是一个道理，
那就是自始至终不断地推陈出新。天地自然生生不息，
也包含了治国之道的永不停息。人世间每当圣人在世，
他们能为天地立心，为生民立命，为往圣继绝学，为万
世开太平，这其实是他们始终意识到必须与时俱进。所
以自古以来，一名君王之所以能成功，在于他始终如一
抱定着自强不息的信念。

赵昀看到这段话，为啥会眼睛一亮呢？

原来，二十二年前的端平元年（1234），南宋与蒙
古联手，攻灭了宋人的世仇金国。这让赵昀引为盖世功勋，
骄傲膨胀得自以为圣人再世。可是后来呢？南宋在蒙古
军强有力的侵袭蚕食下，江河日下，国势日蹙。而赵昀
既想成为一代圣主，再创辉煌，又贪图享乐，沉湎酒色。
急功近利加纸醉金迷的结果，就是自己被搞得越来越迷
惘，越来越颓废。

现在这名考生说，您既然是圣人，那就振作起来，
效法天地，砥砺前行，治国永远在路上，永无止境，这
也是我对陛下您最大的期待。一番积极正气的鼓励，使
得赵昀那颗麻木的心，受到了复苏的刺激。

接下来这位考生又说，如果陛下能效法天地而自强
不息，那岂止就您问的这八件事，天下无事不能妥妥而
定。然后联系问卷中的"八事"，层层剖析、步步推进，
将治国之道的根本、实质、天意、人心、路径、功效等等，
纵横捭阖，娓娓道来。赵昀不知不觉就看进去了。等到
全部读完之后，不由得心生快意。

"这是谁写的？"赵昀突然问了一声。下面考官们冷不丁被问询，一时捉摸不定官家的意思，都愣着不敢吱声。王应麟定了定神，上前小心地说道："是文天祥。"赵昀疑惑地看着他。王应麟赶忙补充说："这个文天祥字履善，吉州庐陵（今江西吉安）人氏，今年二十一岁，在解试和这次省试中，均名列前茅。"

赵昀点点头，露出一丝满意的微笑，看着手中卷子问："这篇策论你们怎么看？"又自问自答道："他说宰执们果真能秉持公正行事，台谏官能以正直纠察百官，朝廷的施政功效可以立竿见影，哪至于积劳三十多年，离国家富强却越来越远了？这话直指朕的左膀右臂做事做人都缺了公正和正直，虽然未必确凿，却言之有理。整篇策论对军国大事的种种时弊失误，鞭辟入里，直言不讳，有见识，有胆略，不是寻常书生之见。"

王应麟见官家对文天祥大加称赞，便试探性地问道："臣等原来把文天祥列为第五名，是否低了点？"

赵昀没有直接回应，仍看着卷子说："天祥天祥，这不就是大宋祥瑞嘛！"他拿起案头上的朱笔，在卷子上唰唰几笔，道："朕决定，将文天祥由第五名，擢为第一！"

王应麟当即表态："这篇策论议论高古，浩然之气如长江大河。更值得称道的是，难得这其中的一片赤胆忠心。臣等为官家得到这样的人才祝贺了！"

五月二十四日，所有考生再次集聚集英殿。官家亲临殿堂唱名，今科状元文天祥！

唱名完毕，进士及第者各赐羊肉泡饭一盏。前三名状元、榜眼和探花还有酒食各五盏，之后三人各进"谢恩诗"一首。接下来，文天祥被簇拥着在御街上骑马游街。一时间，临安城万人空巷，人们争先恐后地瞻仰这位新科状元的风采。

然而，文天祥在京城的风光却戛然而止！

五月二十八日，他父亲、一直在旅店卧病的革斋先生文仪，溘然长逝。本来，文天祥在京城还要待一个月时间。这期间，他要和同榜进士编写刊印《同年题名小录》，官家要赐"闻喜宴"，他要呈献"谢宴诗"，还要率众进士在丽正门向官家行"门谢"之礼。现在他都推辞了，和弟弟文璧扶着父亲灵柩，返回了庐陵老家。按照礼制，他要在家为父亲守丧三年。

二十年后的德祐元年（1275），南宋王朝已在覆灭的边缘。次年，元军兵临城下，文天祥奉命前往皋亭山元军营寨谈判，不卑不亢，慷慨陈词，凛然正气折服了元军统帅伯颜。

京城临安陷落后，文天祥被元军押送大都（今北京），却在镇江逃脱。他以"臣心一片磁针石，不指南方不肯休"的决心，重回南宋流亡朝廷，再举抗元大旗。景炎三年（1278）他不幸兵败被俘，宋亡后被押至大都囚禁。在此后三年中，他以"人生自古谁无死，留取丹心照汗青"的精神，严词拒降。至元十九年（1282）被杀害，时方四十七岁。

文天祥是南宋立国以来出现的非常有名的一位状元。他的英勇不屈、慷慨就义，谱写了中华民族的一曲"正气歌"。

那时的英雄忠烈并非只有一个文天祥。当年与他一起从集英殿走出来的同榜进士谢枋得、陆秀夫和胡三省等人，也都是极具民族气节的勇士。其中陆秀夫在宋元最后的决战崖山之战中，背负八岁的小皇帝赵昺，毅然跳海殉国。

　　咸淳四年（1268），即文天祥殿试后的十二年，新

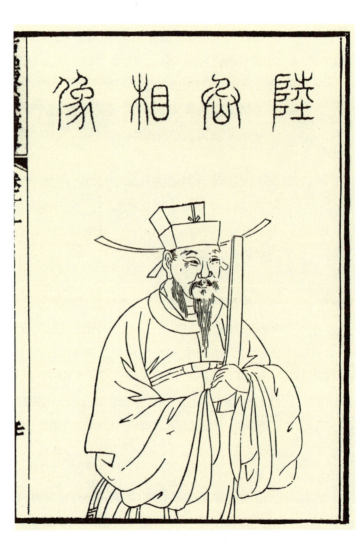

陆秀夫像。清顾沅辑录、孔莲卿绘像《古圣贤像传略》，清道光十年（1830）刊本

西湖葛岭山下陈文龙墓，墓碑为民国时期茶陵谭延闿书。近年来在清明时节，前来祭奠的陈氏后裔曾多达八百人

科状元陈文龙走出集英殿。景炎元年（1276）十二月，他在福建兴化军（今福建莆田）抗元失败被俘。在被元军械押至杭州时，前往岳飞庙凭吊，最终绝食而死，时年四十六，被安葬于西湖葛岭山下智果寺。

凤凰山下，南宋皇城早已繁华落幕，灰飞烟灭。然而，从这里走过的一个个人杰英豪，却成为一种永恒。他们的英勇壮举惊天地、泣鬼神，他们的百折不挠、宁死不屈，演化成中华民族的一种精神财富，血脉相传，守望相继。

青山常在，浩气长存！

第六章

花石：园林宫殿的草木传奇

光尧亲祀南郊，时绍兴二十五年也……因过易安斋，爱其去城不远，岩石幽邃，得天成自然之趣，为赋《梅岩》。

——《四朝闻见录》甲集卷一

市舶司，本宋德寿宫后圃也……内有芙蓉石，高丈许，窦穴玲珑，苍润可爱。

——《西湖游览志》卷一五

1. "梅花岩"下，
意外重逢一段梅花情

沉醉在梅香之中的赵构，忽然回头，感到身边似乎少了一人。谁？太师秦桧。

想到秦桧，想到这个权倾一时，却再也不可能出现在自己面前的老小子，赵构顿觉一身的轻松，禁不住露出一丝笑意。

这是在绍兴二十五年（1155）十一月十九日，冬至日。

根据三年一次的祭天礼制，赵构在这天出皇城丽正门，莅临郊坛（今南宋官窑博物馆附近）举行了隆重的祭天大礼。

一同参加这场大典的，除了文武百官和皇亲国戚之外，还有第一次造访京城的占城国（今越南中南部）使臣。借此盛典，向外邦使者显摆一下大宋国的赫赫威仪，赵构感到一种满足！

但凡这种铺排十分夸张的典礼活动，没有不折腾人的，谁都想早点完事了打道回府，可是赵构不急。当祭天仪式按程序全部走完后，他意犹未尽，还想走走看看。

可是，这大冷天的能去哪儿呢？礼部也没有祭天之后再去巡游的"预案"。正在大家犹疑间，忽然飘来一阵悠悠的、若有若无的花香。细嗅之下，竟然是蜡梅。这可是春天的消息啊！赵构一阵兴奋，提议道，附近一定有蜡梅，就循着这股香气，去探梅吧。边上当时还是皇子的赵昚第一个叫好，引得不少亲随也纷纷附议。于是，众人安步当车，开始闻香寻春了。

转过郊坛附近的斋宫，来到慈云岭南麓的净明寺附近，迎面是一堵峭壁山体。那净明寺住持早已闻声而来，专为官家探梅领路。大家被那越来越明晰的馨香诱惑得兴致高涨，披荆斩棘地往岩石深处走。费了好大劲，终于看到一片竹林掩映的一座亭子，走近一看，是"筇屐亭"①。

亭子旁边怪石嶙峋的一片山岩上，有几枝疏疏落落的蜡梅。梅枝上几只叽喳的山雀，受到惊扰，扑刺刺一飞而去。上前近看，枝头缀满了还有些青色的花苞，但也有一些呈现出嫩黄色，暖阳之下，星星点点的似开未开，含苞欲放，缕缕芳香却已惊动人心。大家一片赞叹，称赏不已。

本来，此情此景中总会有人赋诗一首，可是今天却没了动静。赵构看了一下随从，发现竟然没有一个学士儒臣跟上来。这时，他忽然想起了秦桧。

两个月前的九月二十二日，秦桧在望仙桥自家府第里病死。

赵构记得，秦桧两次拜相，前后加起来长达十九年，这应该是本朝到现在为止无人能及的一个纪录。起初自己还是很看好秦桧的，跟他一起谋划了与金人的"绍兴

① 筇，音 qióng，竹子。屐，音 xì，鞋履。筇屐亭或为拟写苏轼《定风波》中"竹杖芒鞋轻胜马"的行旅意境。

北宋赵佶《蜡梅山禽图》。
波士顿美术馆藏

和议"，并将主战且不太"听话"的岳飞置于死地。

可是和议一定，这老小子开始不着调了，举荐的执政官员都是些庸碌无能之辈，却对秦桧谄媚有加。到后来，满朝文武一个个就像他秦府家奴似的，整一个秦桧班底，俨然已成尾大不掉之势！再到后来，赵构感觉这家伙连自己这个皇帝都不放在眼里了，心里忽生恐惧。有时自己想多了，上朝时便暗藏一把匕首，以防不测。

现在终于熬到这老小子归天了，终于不用再瞅那张可怕而又恶心的老脸了，赵构由衷感到轻松愉悦。所以这段时间，他总有一种枯木逢春熬出头的痛快，人一下子年轻活跃了不少。

眼下，一阵梅香勾起了他的诗兴，没有那些才子献诗，俺自己来它一首！他在一株老藤边的岩石上坐下，沉吟片刻，便有了一首咏梅诗："怪石苍苔映翠霞，梅梢疏瘦正横斜。得因祀事来寻胜，试探春风第一花。"

这首诗前两句写景写梅花，亮点在后两句：借着祭天一事俺来此寻幽探胜，尝试着去发现春天最早的气息。潜台词就是，寒冬腊月已将尽，关不住的满园春色，已是可以期待的事实了。

赵眘适时跟进，唱和了一首诗云："秀色环亭拥霁霞，修篁冰艳数枝斜。东君欲奉天颜喜，故遣融和放早花。"说这太阳都期待官家您笑逐颜开，特意安排了这么好的天气，让这几枝冰雪中的梅花早早地绽放飘香。

赵眘这几句诗其实与平时那些御用文人作的诗一样，满是拍马屁的味道，但赵构听着非常受用。

赏梅之后，众人就近来到净明寺。那住持将赵构等人迎进寺内易安斋，香茶果子侍候。

赵构小憩中，仍惦念着院外的梅花，便问住持道："这地方为何就这片山岩上有几枝梅花？有啥讲究没有？"

住持道："这片山岩虽说坐北朝南，花木众多，可偏偏就这几枝梅花特别芳香，所以此地就有了一个雅号，叫'梅花岩'，这是小寺的荣幸。不过今天官家来此赏梅，御题《梅岩诗》一首，这又是梅花岩莫大的荣幸！"

赵构开心地笑了，又问道："那几枝梅花与众不同，可有什么说法吗？"

住持道："有啊！小寺众僧都称它是'青蒂梅'。"

梅花岩在今玉皇山和慈云岭以南一带。底图为宋版《咸淳临安志·西湖图》

说罢，向旁边的赵昚看了几眼。

赵构瞧他看赵昚的神情，忽然明白了，禁不住在心里说道："好乖巧的住持！'青蒂'不就是'青帝'吗？这分明是在说皇子嘛！"想了想又问道："那梅花边上有一本古藤，这也有雅号吗？"

住持双手合十恭敬答道："小寺原是天福七年（942）吴越王所建，据说那时这本藤树就已经在了，所以僧人们每每称它是'万岁藤'。"

赵构哈哈大笑，赏赐了住持一些物事，摆驾回宫了。

这以后，几次郊坛祭天，赵构总要顺便来梅花岩，在那本老藤旁的大石上，小坐片刻，观梅品香。那住持继续要讨官家的欢喜，将这块石头称作"御坐石"，附近那亭子也改叫成了"梅岩亭"。

赵构是真心喜欢梅花，便又在大内后苑凤凰山的月岩附近，新修了一座"梅亭"，四周遍植各色梅树。每逢赏梅季节，他少不了要来此流连一番。

那么问题来了，赵构为啥特别喜欢梅花？

这不能不说是受了他父皇赵佶的影响。赵佶及其御前画院的画师们，把花鸟画推向了艺术的巅峰。赵佶本人的《芙蓉锦鸡图》《枇杷山鸟图》《池塘秋晚图》《竹禽图》《戴胜图》《桃鸠图》等等，都堪称花鸟画的典范之作。但赵构似乎对父皇的《蜡梅山禽图》《梅花绣眼图》《梅雀图》等几幅以梅花为题材的画，更为欣赏。如今梅花岩的那几枝蜡梅，在他眼里就是一幅活生生的《蜡梅山禽图》。

北宋赵佶《梅花绣眼图》。故宫博物院藏

北宋赵佶《梅雀图》。东京国立博物馆藏

　　所以，那天赏梅时，他其实比旁人更多了一份与当年故宫生活场景意外相逢的惊喜，由此也生发了对父皇徽宗皇帝的一段思念，这也是他内心深处旁人无法体察到的一种情感。

　　当然了，净明寺住持对官家的阿谀奉承，在那时不叫拍马溜须，叫忠顺。同样道理，赵昚的迎合追捧，那时叫孝顺，都是对皇帝十分得体的恭敬与遵从。

2. 聚景园中，"官梅却作野梅开"

　　赵构对于梅花的喜好，在他的皇城中也多有体现。临安城四季分明，使得花卉四季不断，皇城从前朝到内苑，从山地到路旁，无处不是花团锦簇。而在四季群芳之中，赵构偏好的梅花是一大主角。除了凤凰山后苑的梅亭，

位于凤凰山皇城后苑内的梅岩亭和梅亭。底图为宋版《咸淳临安志·皇城图》

宫中还有春信亭、暗香亭、凌寒亭、雪径亭、梅岗亭、梅冈园、萼绿华堂等名称，都取名于梅花主题的景观，从中可以感知梅花的无处不在。

西湖孤山原以林和靖梅妻鹤子著名，赵构的御花园也就选择在了孤山。园内观景的最佳处，有一座规模壮丽的凉堂，堂下特意植梅数百株，形成一片梅林，由此成为他春游赏梅的一个必到之处。

绍兴三十二年（1162）六月，赵构退位当了太上皇。赵昚即位后，梅花岩他不再去了，却在凤凰山上那座梅亭边上，再建了一座亭子，就叫"梅岩亭"，也是对当年和太上皇一起探访"青蒂"的纪念吧。

一晃到了淳熙五年（1178），二月初一这天，赵昚趁着天气晴好，来到德寿宫看望太上皇。

《西湖清趣图》上清波门外的聚景园，园内花红柳绿，楼阁掩映，学士桥和柳浪桥跨水卧波。弗利尔美术馆藏

以赵构对梅花的爱好，德寿宫里梅花仍是一大主角，而此时春已暖，花正香，正是赏梅的最佳时候。两人先是一起在小西湖的船上远望梅坡景色，遥遥地细品微风中的梅香，然后坐在香远堂中，一边眺望外面梅坡上的成片梅花，一边闲聊梅花的种种名画书帖、诗文掌故，陶醉在香气袭人的明媚春光中。

忽然赵构想起了什么，领着赵昚走到堂前的一株古梅旁边，说："这本苔梅，别看已是饱经沧桑，主干虬曲，几同朽木，可枝干依然苍劲舒展，自然而又出人意料，而且难得苍藓满树，苔须垂枝，极有古意，真是可遇不可求的妙品，拿来临写入画甚好！"

可一转眼，他又轻轻叹了口气，说："可惜了！这老梅就是香气稍嫌不足。"

赵昚道："这苔梅老当益壮，正是神韵高远之时，何况有这漫山坡一起发花的新梅，烘托老梅共保馨香，此情此景，真乃是春色满园、锦绣常在！"

赵构微微一笑，并未搭理赵昚，仍顾自己说道："这苔梅世上只有两种，最是极品。一种在宜兴张公洞，树上苔藓甚厚，花极香。另一种出在越州（今浙江绍兴），那满树的苔藓呈碧绿色，像绢丝一般，能有一尺多长。难得今年这两种老梅同时着花，别有一种声气相通、遥相呼应的奇妙。大哥①可去一看，别错过了。"

赵构对梅花的专注，对江南老梅的"行情"如数家珍，全然已到了专业水准，这叫赵昚惭愧不已。

赵昚奉承太上皇是尽心尽力的。他在小西湖泛舟时就觉得，德寿宫毕竟望不到西湖风景，应该在近城的湖

① 赵昚即位后，太上皇赵构见到他并不呼以"官家"，而是称之"大哥"。见南宋叶绍翁《四朝闻见录》。

边修建一座御花园，也好请太上皇时不时地去散散心，领略湖上的四时美景。

正好清波门外到涌金门外这片临湖水草地，赵构还在位时就已营建了一座叫"聚景园"的御花园。可是此地还有九座僧塔及其僧房因搬迁费未能谈妥，一直没有拆迁，这在整个造园格局和艺术上，留下了"遗憾"。现在赵昚当政了，他要为太上皇谋幸福，便叫修内司出面，一定把拆迁僧塔和僧房的事搞定了。

修内司花了不少代价，恩威并施，一番操作后将这些僧人建筑悉数外迁。又修缮了园中原有的主殿会芳殿、宴饮唱曲的瑶津轩、眺望湖景的揽远堂、遍植红梅的花光亭，以及柳荫之下的柳浪桥与学士桥等建筑。沿湖又专门修筑了一道堤岸，种上桑树莳果，既是固堤，也是一景。花园南侧的湖边，还专门驻守了一支虎翼营水军，以保障太上皇的安全。

这以后，赵构经常在赵昚的陪同下，在聚景园雅集游玩，春来红梅秋来月，今有诗酒明有歌。每次皇帝在此游乐，夜晚回宫时，侍从禁卫的仪仗队伍点起数以千计的火把，引来围观者无数，那场面非常壮观，也让临安城里热闹一时。

可是，在经历了赵构、赵昚和赵惇这三代皇帝之后，宁宗皇帝赵扩就不太喜欢来聚景园。没有皇帝的御花园只能空关闲置，渐渐地园中冷落荒芜，建筑破败失修。

有一年初春时候，赵昚在位时的进士高似孙偶然进了聚景园，眼前的景象令他感伤不已，写了一首诗说："翠华不向苑中来，可是年年惜露台。水际春风寒漠漠，官梅却作野梅开。"官家都不再来此游览了，可惜了这里的亭台楼阁，一年又一年地荒废着；春寒笼罩的水边路上，原来那些精心栽种的梅花，现在"野蛮生长"，都快成了荒郊野岭中的野花了。

可见梅花早已是聚景园的一大景观，梅花衰落了，聚景园也就衰落了。

只有凤凰山下的皇城中，梅花长久盛开，香韵依旧。赵扩的杨皇后住慈明殿，附近有座玉质亭，四周梅花环绕，可以想见这里梅花绽放时的灿烂景象。那时，大内后苑还有梅冈亭和冰花亭，边上梅花多至千树，春暖时候，这里香雪如海，蔚为壮观。

画院待诏马远的《华灯侍宴图》上，宫中宴饮大殿前的梅花无以计数，画中题诗说"宝瓶梅蕊千枝绽"，形象地再现了宫中广栽梅树的盛况。

南宋马远《华灯侍宴图》局部。台北故宫博物院藏

3. 一朵芙蓉花里的
北宋文化"基因"

当年赵构萌生"内退"念头时，又想到了秦桧。

秦桧死后，他的家人统统搬回了建康（今江苏南京）老家。他京城望仙桥东边的府第，原来就是赵构赏赐的，所以就被朝廷收回了。而坊间传说，这地儿非但可以"望仙"，还能望见"王气"。赵构这就打算自己退位后，搬出现在的大内，住到望仙桥那里去。

于是，原来的秦府被改建扩建成了赵构新的宫室，东近临安城东城墙的夹城巷（今吉祥巷），南至今天的望江路，西临中河，北在今天佑圣观路梅花碑一带，取名"德寿宫"。

德寿宫其实就是一座大型的江南园林。园内引水汇池成小西湖，并以此为中心，各种宫室建筑和园林花木，分布在东南西北四个区域。因为赵构喜好梅花，所以宫中也是遍植梅花。但在东区，他又想到了一个别样的园林景观——湖石。

东区是赵构的主殿区，主楼聚远楼取东坡诗意"赖有高楼能聚远，一时收拾与闲人"，就建在此地。还有

宋佚名《折槛图》中的湖石景观。此画表现的虽是汉宫故事，但如此精美的庭院和大红雕龙护栏，当取材于南宋宫廷。台北故宫博物院藏

以赏梅为主题的香远堂和以梅花造景的梅坡。

有一天，将作监督造宫室的官员来报，说是取到一块硕大而奇妙的太湖石，还请官家御赐一个雅号。

赵构听说有湖石，顿时来了兴致。跑到现场一看，这块湖石真是漂亮，只见石面色泽苍润，沟壑相连，洞窍通透，玲珑雅致。赵构再看这湖石的形状，如团如抱，

俊美端庄，越看越像是一种花。什么花？他想象着比拟着，忽然眼前一亮——可不就是一朵金秋艳阳之下盛开的芙蓉花吗？

那么，它又有什么奇妙之处？将作监官员一解释，赵构大呼绝妙至极！原来，此石看上去也就普通太湖石的那种白色，但一经细雨打湿，隐隐泛出一种极淡的胭脂色，与芙蓉花中"醉芙蓉"的韵味极具异曲同工之妙：清晨朝露中的花朵呈白色，随后渐生粉色，午后到傍晚则已变为淡红色，一日三变，妙不可言。

那就叫它"芙蓉石"了！

赵构一锤定音，将这块罕见的奇石定名了。又忽生奇想，指令将作监官员在此地梅坡边另一块小山坡上，种满芙蓉花，就叫"芙蓉冈"。这里的园林小路原已种上了菊花和竹子，现在路旁再补上芙蓉花，就叫"松菊三径"。芙蓉石则是这片园景的点睛之笔，但注意，在这块湖石旁，再种上一株梅花。

存放于北京中山公园时的"青莲朵"（现存中国园林博物馆），左上角刻有乾隆字迹"青莲朵"。来源：全景视觉

梅花搭配芙蓉，这有什么讲究？

这讲究说起来非常之大！

还是与徽宗皇帝有关，这是一种对先人的文化继承。

早些年，赵构曾为秘书省编纂的《徽宗文集》写过一篇序言，其中自称是"缅怀恩育"，对父皇赵佶的教诲永记于心。现在看来，这似乎并非虚言套话。

芙蓉花曾是赵佶笔下的绝美，赵构清晰地记得，父皇绘有一幅《芙蓉锦鸡图》，画卷上芙蓉花已经盛开，一只锦鸡栖息花上，在它停憩的瞬间，轻盈地将花枝向下压低了稍许。而此时画面的上端，翩翩飞来两只彩蝶，引得锦鸡翘首顾盼。这种极为细腻的观察和描绘，以及从上下两个不同方向用笔的构思和构图，传神至极，令人叹为观止。

当年《芙蓉锦鸡图》完成后，赵佶还以其特有的瘦金体，自作一首题画诗："秋劲拒霜盛，峨冠锦羽鸡。已知全五德，安逸胜凫鹥。"那意思是说，盛开的芙蓉花与这只漂亮的高冠锦鸡，相得益彰，堪称绝配。因为这是一羽蕴含"五德"的神鸟，所以尽管它停在那里挺平常的，却比那些野鸭水鸟不知要胜出多少倍。这四句诗让赵构从更深层面上，理解了这幅画蕴含的意义。

先说芙蓉花。此花也叫木芙蓉，花形硕大，淡雅清丽，盛开于秋季，故别号"拒霜"，具有一种无畏风霜侵袭的品格，是历代文人喜好的名花。

赵构在营造凤凰山皇城时，就已经对芙蓉花特别看待，在馒头山上修建了芙蓉阁。因为地理位置突出，芙

妖羶姿已義安
妍衒拒知冠逸
霜全锦胜
盛五羽鳧
德鶏鷖

宣和殿御製并書二天

宋徽宗赵佶《芙蓉锦鸡图》。故宫博物院藏

蓉阁成为大内中一处吸引眼球的重要建筑。

元代初年杨琏真加在芙蓉阁的基址上兴建尊胜寺和尊胜塔，此塔又名镇南塔，可见其建筑位置的重要。这是后话。

回头再说这只锦鸡。在中国传统文化中，鸡有"德禽"之称。赵佶说锦鸡"五德"俱全，而赵构少时在读《韩诗外传》时，就了解到了"五德"的含义。这书中引用春秋时田饶的见解说，鸡有五德："头戴冠者，文也；足傅距者，武也；敌在前敢斗者，勇也；见食相呼者，仁也；守夜不失时者，信也。"显而易见，"五德"所强调的文武兼备、仁勇俱存、信守专一的品格，正是世人一向所激赏的。

赵构认定，父皇赞美锦鸡"五德"，其实是对臣下道德品格的一种期许，这也是花鸟画应有的人文寓意。他更是明白父皇给自己取字"德基"的意义。

而现在将自己退位所居命名为"德寿"，在德寿宫的园林构思之中，融入父皇艺术创作的精髓，充分利用临安城所在的自然条件，一冈一径广植芙蓉，一石之相也如芙蓉，在艺术趣味的传承中不无饱含一种缅怀的意象。

但有一种与"德"背道而驰的品行，赵构似乎有意无意地回避了，这就是为一己私欲而祸及天下。

赵佶痴迷石景。他有一幅名作《听琴图》，画中古松之下，三人围坐在铺有软垫的假山石上，中央是一坐小巧玲珑如出岫轻云的自然山石，上置一小鼎，中插一束花枝，形成一个极为古雅清丽的盆景；《祥龙石图卷》

芙蓉花也是杭州常见花卉，宋代苏堤曾有大量栽种

宋徽宗赵佶《听琴图》局部。故宫博物院藏

更是把一块石头，当成了笔下具有祥瑞灵气的主角。

除了画作上的奇石，天下又有多少名花异石，被不惜代价罗至汴京，营造人工庭园艮岳？殊不知，这样的

宋徽宗赵佶
《祥龙石图卷》
局部，石顶异
草右下方有瘦
金体"祥龙"
二字。
故宫博物院藏

杭 州 风 迹 HANG ZHOU

爱石癖好生出的"花石纲"，曾引得天下民怨沸腾。睦州（辖境含今浙江桐庐、建德、淳安等地）方腊便是以"花石纲"为说辞，鼓动当地民众揭竿而起。

赵构的德寿宫构造了一个微缩版的飞来峰和一个小西湖，继而又营造了以芙蓉冈、芙蓉石为主题的园林景观。这显然继承了赵佶那种爱石的"基因"，只是没有搞得像赵佶那样夸张离谱，那样不顾一切。

4. 花宴上，
李清照"声声慢"被变了调

夜深已在二更三更之交。

仲春时节，夜凉如水，还是让人感觉有些寒意。

皇城内半山腰的这座亭子，包括连通它两边的长廊上，所有的槅子门窗均已紧闭，唯有亭子的一扇门还开着。亭子中的御炭炉发散着均匀的热量，使得这里即使已是深夜了，依然温暖舒适。

此时，官家赵扩一身白色道袍，坐在亭子中的一张交椅上，一些侍从叉手侍奉于左右。深更半夜的，他还在干吗？

他在宠着自己的心头所爱。

循着他向亭子外观望的眼光可以发现，一座座已经点燃烛火的银座烛台，正摆放在一片树林中。夜色太浓了！浓得这星星点点的烛光根本无法将其化开，但却恰到好处地烘托出一片雾蒙蒙的粉红色——大片的海棠花已悄然绽放。

这是宫中的一个海棠园，此时，赵扩像宠爱他的一位妃子那样，为这片海棠花寒夜立中宵。

忽然想起西湖边的聚景园，那恐怕真的就是一座"冷宫"。

聚景园的被冷落，有其一定的道理。因为赏花是个具有个性化色彩的活动，每个人都会有自己情有独钟的名花异草。而且，地处江南、植物繁茂的临安城不同于汴京城，凤凰山下有的是花花草草，生活在这里的每个皇帝都有极大的选择空间，未必一定要承袭上辈的癖好。

可不是嘛，赵扩就更喜欢海棠花。

前一晚，他刚读到东坡先生的《海棠》诗："只恐夜深花睡去，故烧高烛照红妆"，便想着来海棠园领略

马麟《秉烛夜游图》。台北故宫博物院藏

这样的诗情画意。今夜，为了能够看到今春最早的海棠花羞答答的笑靥，他成了一名不知困倦的"守夜人"。或许，为了能够领略烛光下海棠那迥异于白天的意韵，他会继续加班加点扮演"守夜人"的角色，哪怕夜已深，伊人不知倦，却怕海棠睡去明日渐已老，他会静心守候这片烛光，守候这最美好的时刻。

或许，这一夜的花事会有喜讯再传。

然而，这场花会还是稍嫌无趣，官家真的是孤家寡人，没有亲爱的人陪他一起共度花开时刻，也没有文人雅士陪他吟诗作画。

赵扩生性懦弱，他是被迫"黄袍加身"的。他把整整一任的官家，扎扎实实做成了一个"傀儡皇帝"。先有韩侂胄，后有史弥远，他始终被他们把持着、操纵着。傀儡的花事真不叫事儿，哪会有什么值得一书的喜事？

嘉定十七年（1224）八月，赵扩驾崩。在权相史弥远的一手"导演"下，京城御街上演了一出"狸猫换太子"的大戏，太子赵竑竟然被魔术般地废黜了，原先与官家八竿子都打不到的沂王赵昀，被扶上了皇位，而赵扩遗孀杨皇后，则自然升级为杨太后[1]。赵昀当时还是毛头小子一个，杨太后便根据北宋太后的故事垂帘听政。但实际大权仍被史弥远把持，太后听政只是一个名义，连做做样子都可有可无。因此，杨太后的听政场所，不在外朝正衙文德殿，而在后宫她的寝宫慈明殿。

而从慈明殿向北看去，就是近在咫尺的芙蓉阁。

芙蓉阁是南宋皇城中的一大建筑，但未必一定是用来欣赏芙蓉花的。早在淳熙四年（1177）的九月二十二日，

[1] 杨太后籍贯为严州青溪（今浙江淳安），但也有说她可能是会稽（今浙江绍兴）人。

正是芙蓉花盛开的时候，官家赵昚来到芙蓉阁。但出人意料的是，赵昚来此只是为了居高临下，观看一帮宫中侍卫和内侍在射殿球场里打马球。球赛结束后，赵昚去了边上选德殿大快朵颐。在当天大内的"热点新闻"中，并无一句芙蓉花的消息。

那么，芙蓉阁仅仅是个挂挂牌子的虚名，还是名副其实确有芙蓉花的绰约身影存在？答案应该是后者。

芙蓉阁在馒头山上，慈明殿恰好也在山上，两座建筑也就几步之遥。

在慈明殿左前山下，可以看到一座方圆百步大小的射圃，就是当年赵昚观看马球的那个场所，在此可以射箭、

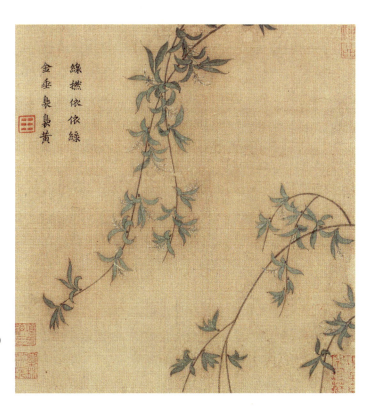

南宋杨后（传）
《垂杨飞絮图》。故宫博物院藏

蹴鞠或荡秋千。射圃四周都是长廊，往西是附带十二间房的博雅楼，往东数十步的路上，雕栏花甃，万千花卉中，可见竖立在射圃的秋千架。慈明殿向南正对，可见阳春亭和清霁亭，前后种着大片的芙蓉花和桂花。

杨太后生活在这样一个花团锦簇的大花园中，一年四季可举办各种主题的赏花大会，从个人癖好来说，她因为小名叫作"桂枝"，所以少不了屋前屋后种上一片桂树。同时她也偏好梅花和菊花。可惜，她后来根本没那赏花的闲情逸致。

史弥远大权在握，朝廷上下都是他的"跟班"，她和刚死去的先帝一样，也不过是一傀儡罢了。而她早年可是宫中一等一的"狠角儿"，权倾朝野的韩侂胄就是在她的决断下，被史弥远等人干掉的。但现在时过境迁，她却只能在老史的铁腕中苟延残喘。如此不堪，昨天的梅花海棠再喜人，今天的金桂银桂再浓郁，明天的菊花芙蓉再值得期待，对她而言还有什么意义呢？

岁月荏苒，光阴如梭。转眼间，赵昀朝政的独裁者由史弥远换成了贾似道，"宋牌"时钟也随之进入了最后倒计时。

虽然已是"尾声"的节奏，但南宋君臣却沉浸在虚假的太平之中，声色犬马、花天酒地，极尽享乐。宫中一个芙蓉花的品赏雅集，也能弄出奇事来。

景定元年（1260）八月，正是丹桂飘香时候，太子赵禥[1]某天向官家发出邀请，说是在东宫清霁亭，桂花搭"背景"，芙蓉花唱"主角"，请官家及母后一起来此赏花宴饮。

[1] 禥，音 qí，古同"祺"字。赵禥去世后庙号度宗。

打从立儿子赵祺为太子以后，赵昀为避免当年赵竑太子因寓居宫外别院，而被自己乘隙掉包、捷足先登的故事重演，将现在的太子东宫就设在皇城之内，省得有朝一日自己登仙后，宝贝儿子重蹈那个掉包计的覆辙，丢了皇位。

赵祺的东宫在丽正门内、南宫门外之间，地方不大，进门后可见垂杨夹道，路旁两边朱栏内，种满了芙蓉花。东宫北边就是馒头山，原先位于山腰的清霁亭，这会儿已经划归东宫了。

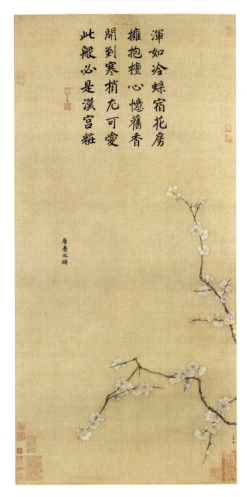

渾如冷蝶宿花房
擁抱檀心憶舊香
開到寒梢尤可愛
此般必是漢宮粧

層叠冰綃

南宋马麟《层叠冰绡图》，上有杨皇后题诗和钤印。故宫博物院藏

赵祯张罗的这次赏花会也叫"花宴"。

宋朝皇帝原来多半会在每年鲜花繁盛、百花争艳的春季二三月间，在宫中后苑举行花宴，也叫赏花曲宴，其中的春宴又是花宴中最隆重的一种。一般只有股肱大臣、宗室亲贵、儒臣学士和皇后嫔妃等皇帝最亲近的人，才能参加花宴。花宴中，君臣之间有赐花、戴花、赏花等环节，还有奏乐、赐饮、赋诗、钓鱼、习射等活动。

今天赵祯做东的这场花宴却在仲秋时节，是典型的"秋宴"，比较少见，也算是"家宴"，参与者只有父子两家人的眷属，并无外臣。

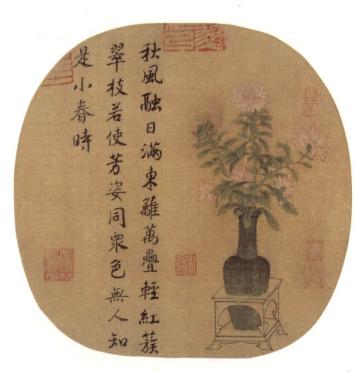

宋佚名《胆瓶秋卉图》，瓶架上蓝釉长颈瓶内，插菊花数朵。花朵勾勒填色，花叶以没骨画法出之，秋菊艳丽而不失秀雅，为南宋写生画中的佳作。画页左侧题诗颇似杨皇后手笔。故宫博物院藏

父皇一家赏脸亲临清霁亭品花，赵禥自然是极尽所有来款待。但他的脑子似乎有些进水，结果搞得赵昀很不开心。

东宫"韶部"乐班有专业宫廷演员八十人，各种器乐如琵琶、筝笙、觱篥、竹笛、方响、杖鼓、羯鼓、大鼓、拍板等等，无所不能。各种唱做如大曲、杂剧、傀儡戏等，无所不会。可这套豪华乐班一开场就演砸了。

第一个亮相的是"韶部"领班陈眅[①]儿，身姿妙曼，面容俊俏，简单一身红袖青衫，耳根发髻上簪一朵鲜灵硕大的芙蓉花，打着牙板，咿咿呀呀地唱了起来。

赵昀起初觉得这陈眅儿样貌可人，嗓音清丽，第一感觉十分美妙。可听着听着，他就皱起了眉头。你道陈眅儿唱的是啥？原来是李清照那首脍炙人口的《声声慢·寻寻觅觅》。

停停！打住了！赵昀对陈眅儿的演唱断然叫停。

真是一点点防备都没有，大家全蒙了，一个个不知所措。

赵昀蹙着眉很严肃地指出，今儿芙蓉花开，桂子飘香，这花宴可是朕与太子两家的欢宴，还有啥好寻寻觅觅的？哪来的冷冷清清、凄凄惨惨戚戚？你这是要诅咒，还是怎么的？

赵禥这才明白这词儿的不合时宜，赶忙离座起身，一边惶恐地向官家赔罪，一边斥退陈眅儿。哪晓得赵昀见陈眅儿花容失色，一脸惊恐，倒有些不忍心起来，又要显出自己的大度，便道："哪有为了几句唱词，就撵

①眅，音 pǎn，漂亮眼睛的意思。

185

人的道理？换个词儿，让她接着唱吧。"

众人见官家饶了陈�盼儿，都放下心来。可是，换啥词儿呢？"韶部"乐班有的是拿手的歌词曲调，但刚被官家一顿呵斥，新换的词万一也不称心，那真是罪该万死了。于是，大家都看着太子，让他拿主意。

赵祺见这阵势，脑子一片空白。原先只盼着陈盼儿能一炮打响，不承想她太崇拜李清照了，今天这种场合竟然唱起"怎一个愁字了得"，脑子是不是短路了？现在要换词，又有啥绝妙好词可以换的呢？这场面当时就

南宋苏汉臣《秋庭戏婴图》，两位儿童在芙蓉花庭院中专心游戏。作者原是北宋画院待诏，南渡后仍为宫廷画家，并加封官职。故宫博物院藏

尴尬了。

这时，倒是赵昀突发奇想，忽然想起一人，对赵禥说，赶快去找陈郁，叫他现场即兴作一首《快活声声慢》来。

陈郁是谁？

论级别，他的"忠翊郎"只是个九品小官，但重要的是，他是赵昀书房缉熙殿挂了号的"应制"，主要任务是为官家的各项活动赋诗填词，用赞美、颂扬的辞章文字，让官家开心。只要陈郁一出手，赵昀必是龙心大悦。因为这个缘故，赵昀还指命陈郁兼职东宫讲堂的老师，同时负责自己和太子的写作指导。

只是赵昀太懒，赵禥太笨，这么优秀的老师竟成了门面摆设，父子俩在写作上毫无心得，现在却指望老师出面来作秀，为这花宴锦上添花。

陈郁来到现场，一听是填写什么《快活声声慢》，愣了。太"奇葩"了！这世上居然还有这词牌？可是，为官家写应景文章是你的本职工作，由不得你不写。弄明白这事的缘由后，陈郁还是奉命而作。

当时皇帝开宴，程序上要陆续上酒十五盏。官家父子俩才喝到第五盏酒时，陈郁的新词已经脱稿了。又过了两盏酒的工夫，"韶部"乐班配乐成调，数十人在陈昐儿的领唱下，居然开始协奏合唱了。但听得——

> 澄空初霁，暑退银塘，冰壶雁程寥寞。天阙清芬，何事早飘岩壑？花神更裁丽质，涨红波、一奁梳掠。凉影里，算素娥仙队，似曾相约。　　闲把两花商略。开时候、羞趁观桃阶药。绿幕黄帘，好顿胆瓶儿著。

年年粟金万斛，拒严霜、锦丝围幄。秋富贵，又何妨、与民同乐。

这词调其实就是《声声慢》，陈郁只是按照今天这场花宴的场面氛围需要，将原来李清照无比凄凉愁闷的意境，变调成景明花好、欢乐太平的气氛。

上片主要写时令、环境和人，写新雨刚过的宫中，小西湖暑气消退，碧空中大雁南飞，而今年的桂花开得特别早，整个宫城沉醉在一片芳香中。最俏丽的是，花神巧手裁剪的花骨朵儿，白色已悄悄泛红，乐班美人拿来簪花装扮，形成了一道流动的风景。清风之中，这些飘然而过的身影，仿佛白衣仙女翩翩而来，赶赴这场似乎早已许下的约会。

下片转到了花儿上，说正好有些时间可以跟这两种花唠叨几句：芙蓉花啊，你的花容可是比春天的桃花芍药还要娇美，可否移步登堂入室，插在胆瓶中添一段春色？这金桂银桂啊，你们可得不懈努力了，为官家撒下万千花朵，与芙蓉花一块儿妥妥地妆点这花宴雅集。你们赶上了这富贵的好时光，可也别忘了皇恩浩荡，应该把快乐分享给天下百姓。

这篇"急就章"写得还不错，末尾一句还有些可咀嚼的内涵。但即使再往好里评价，与李清照的原作，还是没法比的。然而，就这样的应景之作，却因为讨得官家"快活"，得到了重赏。陈郁在宫中身兼双职，可以获得双份的例行赏赐。除此之外，赵昀还为这篇"奇葩"的《快活声声慢》，特别奖赏他绢银各一百匹两。

但陈郁并未受宠若惊。一方面当然与他沉静达观的修养有关；另一方面，他知道孝宗皇帝时，一名与他同

山水之间帝王家 **HANG ZHOU**

样都是"应制"官员的赵昂，也写了一首歌咏芙蓉花的应命之作，太上皇重赏之后，还要求孝宗皇帝再予加官晋爵。所以，今天官家和太子的赏赐，不足为奇。

芙蓉花作为南宋皇城中的一大"花魁"，以及由它生发的花宴排场和靡费，从中也可见一斑。

5. 北漂与南归，
渡尽劫波 "梅花碑"

德寿宫的芙蓉石自从有了一株梅花做伴后，一梅一石相依为命，经历了漫长的沧桑岁月。

德寿宫建筑后毁于南宋的一次火灾，南宋晚期以原址的一半之地新建宗阳宫。宗阳宫入元后，原来德寿宫园中的花木山石、园林建筑还有遗存，风貌依然，文人常去凭吊酬唱，元人杨载《宗阳宫望月》犹云："老君台上凉如水，坐看冰轮转二更……不信弱流三万里，此身今夕到蓬瀛。"

明代永乐时，宗阳宫花园被改成市舶司，嘉靖中又被改为南关公署，梅石成为公署后花园的一景，因而又有梅花厅，匾题"梅石双清"。明代时芙蓉石旁的这本宋梅，枝干茂密，据称花繁叶茂时冠盖可荫及三亩之地，被誉为"德寿梅"。明末时浙派画家蓝瑛、孙杕同游此地，看到老梅古石尚在原处，便合作而成一幅梅石图，并依图刻成梅石碑，立碑于此。

杭州此地终以"梅花碑"成名。

入清以后，古梅终于先碑石而香消玉殒。

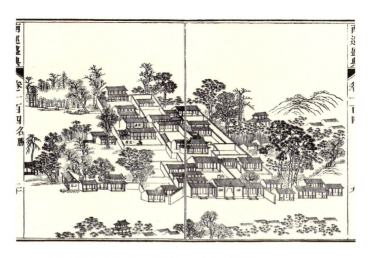

清乾隆《南巡盛典》中的"宗阳宫"版画，右上远景为吴山

乾隆十六年（1751），又一名高宗皇帝到访德寿宫故地，他就是清高宗乾隆皇帝。乾隆第一次南巡到杭州时，慕"梅花碑"之名，特意去宗阳宫寻访，却见梅已枯槁多时，唯有芙蓉石依然完好。乾隆在石上抚摩良久，不忍离去。

那陪伴皇帝的地方大员见他在芙蓉石上摸了好长一段时间，知道他心里特别喜欢。于是，待乾隆回京不久，这个马屁精官员就把芙蓉石作为一件贡品，用船运至北京。乾隆表面上也客气了一下，但心里着实高兴，赐芙蓉石新名为"青莲朵"，御笔题字刻于石上，还即兴写下了五首诗，抒怀写意。其中一首说："傍峰不见旧梅英，石道无情亦怆情。此日荒凉德寿月，只余碑版照蓝瑛。"写出了他当时的吊古情形。

乾隆将"青莲朵"置于圆明园太虚室前，成为园中的"旧园八景"之一。

乾隆三十年（1765），乾隆再次南巡杭州，故地重游梅花碑。这次他看到的梅石碑非常糟糕，石身断裂，碑面剥蚀，漫漶难辨。

愀惜之余，他也发现了自己的一个错误。原本他根据《浙江通志》记载，一直以为梅花碑上的梅石图像只是蓝瑛所绘，现在却发现，碑上那棵梅花其实是孙杕所作，湖石才是蓝瑛的手笔。

于是他命人依据断碑上蓝、孙原来墨迹，重新摹刻了一块梅石碑，置于旧碑处。

隔了两年，乾隆三十二年（1767），某天乾隆游圆明园时看到了青莲朵，触景生情，想为这块来自杭州的奇石，重结梅石之缘，便命高手依照杭州梅花碑拓本，再刻一碑，置于青莲朵旁。碑上少不了要镌上他题写的刻碑始末和吟咏诗歌。

如有诗云："春仲携来梅石碑，模经冬孟始成之。不宁十日一水就，惟以万几余暇为。孙杕那须留石缺，蓝瑛实未写梅姿。为怜漫漶临新本，笑有人看漫漶时。"讲了重刻梅石碑的经过和对原图作者的再认识。

北京这块梅花碑和芙蓉石，在 1860 年英法联军焚烧圆明园时，竟奇迹般幸免于难。

1914—1915 年间，时任段祺瑞北洋政府交通总长的朱启钤先生，在故宫旁的社稷坛建中山公园时，从圆明园的废墟中找到了梅石碑和青莲朵。于是梅石碑被移至燕京大学（北京大学前身），芙蓉石则被移至中山公园。

但这不是故事的结局。

1991 年，北京，未名湖畔。

杭州文史专家丁云川先生在公干之余，信步来到了著名学府北京大学。在未名湖不远处，他忽然看到一个非常眼熟的景象——那是一块古碑，中部偏右刻画着一块太湖石，窦穴玲珑，天然奇秀；湖石左侧傍依一株老梅，疏影横斜，花朵满枝。整个图画清丽素雅，勾勒精妙。

这一石一梅令丁云川恍然如梦，因为这画面他太熟悉了，这不就是杭州梅花碑附近的那块梅石碑吗？他分明还记得儿时的那一幕，他在父亲的带领下去梅花碑看到了这块杭州的名碑。儿时情景犹历历在目，然时光一

丁云川藏本（现藏西湖博物馆）梅石碑拓片

清刻杭州梅石碑，右中两图为正面局部，剥蚀风化，图像难辨。左图为背面乾隆帝题诗："蓝石孙梅合作碑，曾经考证仿图之。有疑质乃从来惯，大略观其夫岂为。落落一拳犹古貌，英英几朵亦春姿。笑他四柱新亭覆，先我来兹尔许时。"杭州碑林藏

晃就是半个世纪。而杭州的这块名碑在 60 年代以后不知下落，杭州著名之地梅花碑也因此徒有虚名。

1988 年，杭州上城区人民政府在梅花碑旧址修建"梅石园"时，曾四处寻访原碑图样，甚至派人赴京寻找梅石碑下落，都未能如愿，只好请画家张耕源根据蓝瑛的其他传世作品，创作了一幅新图，刻成梅石碑，梅姿石韵迥然不同当年，"梅花碑"原有文脉其实已然中断。

丁云川摩挲古碑，一个念头涌上心头：要是能将它带回杭州，该有多好！从北京大学出来，丁云川直奔海淀区文保所。他向文保所工作人员提出了拓一纸梅石碑的想法，但被对方一口拒绝：梅石碑是文物，不能随便拓。

次年春上丁云川到北京，再次踏进了海淀区文保所。这次他见到的是王宁所长。说明来意后，王宁也是婉言相拒，说是梅石碑不能拓，确实有特殊情况要拓的话，也一定要经有关部门同意。丁云川一听"有关部门"这几个字，心里顿时燃起了希望。

他去找了一些在京的校友学长，他们中有的是教授，有一定知名度，有的在国家机关工作，有的在北京政府部门任职。谈及梅石碑之事，这些校友都认为他是在为杭州做一件好事，愿倾力相助。功夫不负有心人，终于，在几路好友的疏通下，包括著名书法家启功先生的襄助，文保所同意了拓碑一事。但他们对丁云川也约法三章："梅石碑拓本只能作为藏品保存，不得进行买卖……"

这年国庆节后，他终于收到了一幅精心拓就的梅石碑拓本。拓片高 180 厘米，宽 103 厘米，图画题字用笔遒劲，摹刻勒石手法精湛，堪称大碑杰作。原碑右下方无字无图处缺一角，虽无伤大雅，但现在拓碑人在缺角处钤上了"岳升阳拓"一印，压住虚空，使得整体画面格局保持了平衡，可谓得宜。

面对这份来之不易的拓本，丁云川认为应该发挥它的最大价值，珍藏家中，并非其最好归宿。于是，2005年西湖博物馆建成后，他将拓本捐献了出来。

2006 年，在杭州的一次文物工作会议上，丁云川提出恢复梅石碑的设想。这次得到了上城区建设局的积极响应，他们从西湖博物馆得到了梅花碑的拓片资料。几经努力，2009 年 7 月 13 日，根据丁云川捐献、西湖博物馆馆藏拓本复制的梅石碑，终于重现于南宋德寿宫后圃遗址——佑圣观路梅石园，绝迹杭城近半个世纪的一大胜迹得以复原。虽是明人作品的一再翻版，终显宋宫园林的天人之作。新碑高 179 厘米，宽 81.5 厘米。

2013 年 5 月，一直待在中山公园露天里的芙蓉石，又被迁至北京中国园林博物馆，安居室内，而成为了镇馆之宝。

梅石故事至此，似乎该画上句号了。然而，笔者偶在杭州孔庙碑林中，又意外找到了上世纪 60 年代后没了踪影的那方梅石碑。

碑石以燕石为材，依然完整，岸然矗立。只可惜正面那一石一梅漫漶不清，已不可认。难怪当年人们百般寻找不见，原来它已面目全非了。唯有背面乾隆皇帝写于乾隆三十年（1765）的《题梅石碑，用乙酉仿孙杕、蓝瑛画韵》诗，还可辨识一读，证明了它的身份。

风雨沧桑，地老天荒，石犹如此，花何以堪？

第七章

揭秘：皇宫禁地的庐山真面

由绎已堂过锦胭廊，百八十楹，直通御前，廊外即后苑。梅花千树，曰梅冈亭，曰冰花亭，枕小西湖，曰水月境界，曰澄碧。

——《随隐漫录》佚文

1. 皇帝"偶像"暗藏了
一个"小目标"

一张菜单，而且还是已被扔进垃圾堆的一张皱巴巴的废纸，却让太子的贴身陪读陈世崇像是受到了莫大的打击，备感沮丧。年纪轻轻就身为太子半个老师，应该称得上是人生的一种巨大成功。但对陈世崇而言，恰恰相反，现在的他灰心丧气。

景定五年（1264）九月，是陈世崇来东宫担任太子"掌书"一职的第二年。他的父亲，就是兼任老官家赵昀和太子赵禥的写作老师陈郁。年前太子跟着老官家在郊坛祭天大典中，首次上了献祭的台面，算是对天宣告：太子赵禥就是未来的天子。陈郁觉得这是大事，便指导陈世崇写了十首贺诗，又转手将这些诗拿给老官家看，结果大得赏识。老官家一高兴，当场就授予陈世崇东宫"掌书"、兼椒殿"掌笺"等职官，名义上是替太子以及后宫嫔妃掌管文书，其实就是太子的陪读生和贴身侍从，也算是半个老师。于是，一介布衣的陈世崇转眼间直通皇宫，成了出入宫廷上下班的牛人。而这年，陈世崇才十八岁。

陪太子读书，本来挺自豪的，但是当他很偶然地看到这张已皱不拉几的菜单后，不淡定了。说得严重一点，他对这座煌煌宫城及其主人的崇敬感、圣洁感和钦慕感，全毁了。

一起看看这张"毁三观"的菜单吧。

老官家对太子宝贝得不得了，每天在书房缉熙殿翻书看画时，亲自审批宫中司膳官员为太子拟订的食谱，成为他不可或缺的一项要事。日积月累，官家经手的太子用膳菜单，就攒成了一大捆，某天就被当作废物扔了。

不知怎么回事，其中的这张废纸就落在了陈世崇手里。太子一天的食谱细节，也就这么泄露了。太子每天都吃些啥？看好了——

　　酒醋白腰子，三鲜笋炒鹌子，烙润鸠子，燫石首鱼，土步辣羹，海盐蛇，鲊煎三色，鲊煎卧乌熊，湖鱼糊，炒田鸡，鸡人字焙腰子，糊燠鲇鱼，蜻蛑签麂脯及浮助酒蟹，江蛑，青虾辣羹，燕鱼干，燫鳢鱼，酒醋蹄酥，片生豆腐，百宜羹，燥子煠，白腰子，酒煎羊二牲醋脑子，清汁杂胚胡鱼肚儿，辣羹酒炊，淮白鱼。

宋度宗赵禥像。台北故宫博物院藏

这只是太子一人一天的食量，却需要多少肉禽鱼蟹、山珍海味，才能成就这份菜单？不是传说中的饕餮胃口，常人日复一日这么暴饮暴食，谁又受得了？太恐怖了！

让人不可思议的事还有，一些菜肴的做法也极其夸张，譬如做羊肉羹，整只羊头只取两侧脸颊上的一小块肉，其余全不要了。做土步鱼羹，也只要两腮帮上的那一丁点肉。做蟹羹、做馄饨、做蟹酿橙，再大的蟹也只是剔取蟹螯中的那点肉，其余也悉数扔了。

难怪要这么多的食材！原来都是走极端的操作，丝毫不考虑物尽其用。陈世崇后来听说，宫中御厨对那些被丢弃的食材还有一种共识，认为贵人不能吃那些东西。有谁要是心疼浪费，想去捡些回来，立即就会招来叱骂。那骂声还是京城厨娘中的流行语："狗娘养的！"

陈世崇看到如此变态的食单，也禁不住爆了一句粗口："妈的！菜有至味，他怎么可以天天都这么无知呢？"又大发感慨："一个需要天下侍奉的人，必须明白先天下之忧而忧的道理。这都不懂，还想君临天下？这是尸位素餐！很严重，富贵人家那种暴殄天物也不能相提并论。"

他这么恶狠狠地一顿发作后，冷静一想，觉得自己似乎骂错人了。这又不是太子自订的用餐标准，全是官家做的主，要怪也只能怪官家太过分了。而自己怎么可以对官家评头论足撂狠话呢？再说了，对太子也不能爆粗口啊！这算什么为臣之道？而且往严重说，依照大宋刑律，妄议官家那是死罪，你不想活了？

打这以后，陈世崇觉得跟这样一个太子混日子很无趣，心理距离一下拉远了。

这年十月，老官家赵昀驾崩了。赵禥上位成为官家后，对陈世崇依然很欣赏。

有段时间陈世崇找借口没去上班，他父亲陈郁在宫里忽然收到赵禥亲笔写的一张纸条，说陈世崇的诗文非常棒，要陈郁再挑选一些来，明天务必送上。赵禥对重要的事说两遍，提醒陈郁"千万千万"别耽搁了。陈世崇即使没上班，赵禥也时不时地要烦他。

第二年，咸淳元年（1265），赵禥正式进入他的执政时期，打赏了一批他想感恩的人。而对"偶像"陈世崇，他亲笔御批，官拜承信郎、皇城司检法。

承信郎是个品级很低的武官虚衔，实际职位皇城司检法也是很小的官，这有必要由官家亲自批文吗？答案是很有必要。除了赵禥非常赏识陈世崇这个因素外，皇城司的职责极为重要。皇城司是掌管皇宫内外门禁锁钥、禁卫轮值、宫人进出和情报收集的宫廷机构。其中检法一职，负责检查宫中各项法度在一切人事活动中的执行情况，宫中里里外外，无论前朝与后宫，他都得时不时地前往巡察。所以这个小官非同寻常。

可以想见，在皇城司上班的人非亲即贵，一般人门儿都没有。赵禥对陈世崇的倚重也由此可见一斑。

陈世崇被授官后，忽然觉得自己是不是可以利用这个职务之便，在宫中有所作为？原先那张"菜单"的负面影响似乎就此过去了，他一改往日的行事作风，恪守岗位职责，每天一副神完气足的样子，在戒备森严的大内四下走动和察看。

这年年底，消息灵通的皇城司某天获得了一个来自临安府衙署的信息，说是因为官家即位不久，大宋一派太平盛世景象，所以有人提议重修《临安志》。因为之前在孝宗乾道年间和理宗淳祐年间，曾两次编修《临安志》，所以这次修的新志，一定要超越前代，力争成为一项盛事。

陈世崇在审查这条信息时，注意到其中的一个细节，就是新修《临安志》将在卷首详细记载宫中各大殿宇，并且准备绘制一套京城地图，第一张就是《宫城图》。对此，根据职责权力，依照刑律规定①，他提出，内廷事物关涉诸多秘密，臣下只能说其大概，不当详细叙说。也就是说，你在志书中讲述大内中的宫殿，必须点到即止，不能透露它们的具体方位、占地高下、形状样式、规模大小、交通远近以及景观特点等详细情况。

这是提醒临安府长官，修志别弄出泄密宫廷的事，届时真有类似的问题出现，别怪我没有事先提醒你。而提到宫中秘密，陈世崇心里其实已经有了一个堪称秘密

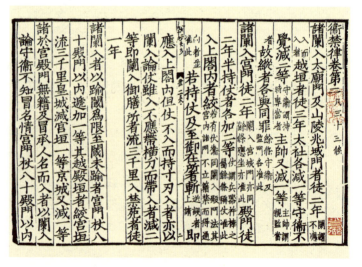

① 北宋孙奭《律》卷三："诸漏泄大事应密者，绞。非大事应密者，徒一年半。漏泄于蕃国使者，加一等。"

北宋人孙奭《律》记载的宫廷禁律非常严厉。宋刻宋元递修本，国家图书馆藏

潜说友《咸淳临安志》记载大内时说"内廷事秘，臣下不能详知，今敬载大略如左"，反映了一种保密意识。宋刻本，国家图书馆藏

的"小目标"，却一直藏而不露，无人知晓，连他父亲都不知道。因为这要是透露了，那是要引来杀身之祸的。

2. 元版"盗墓笔记"
一笔勾销百年辉煌

陈世崇在大内宫中，每天有些空闲就走东跑西，爬山下坡，四处看看，一切如常。可是因为一场漫天大雪，他的宫廷生涯很快就被"叫停"了。

咸淳二年（1266）正月里，临安城下了一场大雪。按理说，瑞雪兆丰年，这场雪大是大了点，但并未成灾，应该不会有事。但陈家还是出事了。

事情出在陈郁身上。也是文人脾气，陈郁见这场雪来得有点大，便诗兴大发，调寄《百字令》，写了一首咏雪的词。写完后，这首词就传出去了，一来二去，传到一个比朝中丞相还牛的人手上。谁？太师贾似道。

贾似道看了这首词后，拍案大怒，立刻指令党羽，要把陈郁轰出临安城。

原来，陈郁明着写雪景，暗中却另有所指。词中有这样的描写："没巴没鼻，霎时间、做出漫天漫地。不论高低并上下，平白都教一例……直恁施威势。识它不破，至今道是祥瑞。"说这老天爷看上去又没个五官面孔，却能在瞬间弄出一场铺天盖地的大雪来，无论哪里，

清沈辰垣、王奕清等《历代诗余》卷一一八记载的陈郁《咏雪词》。清康熙内府刊本

不问高低上下，统统将你变成平白一色，好大的淫威啊。却没人识得，至今还称颂这是利国利民的祥瑞呢！

看出来了吧，陈郁这是在讽刺一人之下、万人之上的奸臣贾似道，权倾朝野，一手遮天，仿佛这场漫天大雪。明明是弄权误国，世人却夸他是再世贤臣，两位新老官家甚至还把他当作大宋救世主，加官晋爵，无比倚重。

南宋政治的这出"荒诞戏"被陈郁揭了老底，而作为这出闹剧的"天价"主演贾似道，焉能不恨之入骨？于是，陈郁很快被一撸到底，撵出京城。陈世崇与老父荣辱与共，挂冠辞职，和父亲一起回了临川（今江西抚州）老家。

对陈世崇而言，父亲因为一首词而丢了饭碗，这是对他的第二次"打击"。

令他始料未及的是，第三次"打击"也随之而来，且不可避免，这就是南宋王朝的灭亡。

陈郁于德祐元年（1275）去世，第二年南宋京城被元军占领。元军统帅伯颜离开临安北返时，卷走了皇宫中的卤簿仪仗、档案图册、文物珍宝、图书字画，掳走了赵氏帝后、嫔妃宫女、皇亲国戚、朝中官员、三学学生和工匠乐师。

唐人释玄应《一切经音义》扉画局部，下左二"总统永福大师"即杨琏真加。元杭州路余杭大普宁寺刻大藏本，国家图书馆藏

建于南宋芙蓉阁原址的元代尊胜寺及镇南塔位于馒头山上，现在山顶是一片高台平地，为杭州气象台

但不管怎么说，临安城是被元军"和平"占领的，城市和宫殿的建筑并未受到战争破坏。可是，南宋故宫还是没能保全下来。

临安城陷落后的第二年，元朝忽必烈至元十四年（1277），南宋皇城已空无一人，四处宫门均被锁闭。但有一天，紧挨皇城的坊间忽然失火，四下乱飞的火星竟然点着了皇城内的宫室。于是，大火连环相接，猛烈延烧，整个皇城顷刻化为灰烬。

但南宋皇城的"悲剧"还不算完。

至元二十一年（1284），时任元朝江南释教都总统的杨琏真加在得到元朝廷和世祖忽必烈的许可后，在南宋故宫原址兴建五座寺院。具体位置是：在垂拱殿基址上建报国寺，延和殿基址上建小仙林寺，福宁殿基址上建兴元寺，和宁门基址上建大般若寺，芙蓉阁基址上建尊胜寺。而各寺所用铜钟，都是宋宫的原物。

图为考古发现元代杭州镇南塔遗迹。来源：宋涛主编《元代杭州历史遗存》。右图为甘肃张掖建于西夏皇家寺院大佛寺内的元代"土塔"，与镇南塔的形状大致相似

　　第二年即至元二十二年（1285），一幕疯狂、残忍、肮脏、可怖的元版"盗墓笔记"上演了——

　　在两名汉族僧人福闻和允泽的怂恿下，杨琏真加等人赶到绍兴盗挖宋帝六陵，大肆掠取墓中随葬的奇珍异宝。因见理宗赵昀的头颅比常人硕大，杨琏真加便截取其作为饮器。此种极为邪诡、恐怖、恶心的勾当，这个来自西域的僧人做来全无半点顾忌，留下了盗墓史上最为骇人听闻、声名狼藉的一场恶行。

　　然而，这只是这本"盗墓笔记"的上篇，其下篇又转场回到了杭州。

　　宋帝诸陵的随葬品被劫掠一空后，杨琏真加将所收得的南宋帝后残骸，运回杭州，杂以牛马骨头，一并埋在馒头山芙蓉阁基址上新建的尊胜寺附近。埋骨之上再建一塔，名"尊胜塔"。此塔高达二十丈，塔身涂饰垩土，远望白色如雪，所以民间又称作"白塔"；整座塔形犹如瓶壶，类似甘肃张掖建于西夏皇家寺院大佛寺内的元

代"土塔"，属于藏传佛教的塔式，因而白塔又有"一瓶塔"之称。

杨琏真加最初还想用藏于南宋太学的宋高宗御书《九经》石刻，作为白塔的塔基石材，却因遭到汉人官员申屠致远的强力反对而作罢。杨琏真加转而收罗尚存的宋宫建筑中的雕花石板和龙凤石刻构件，加上南宋进士题名碑等，横七竖八统统用作白塔的基础。

凡此种种做法，使得此塔又得了一个"镇南塔"的名号，意思就是镇住南宋"王气"，让你永世不得翻身。

南宋皇城这座赓续营建长达一百多年、中国历史上罕见的山水园林式宫殿，就这样或烧或拆或埋，被彻底摧毁了。

差一点被杨琏真加填作寺塔基础的高宗御书石经（局部）。南宋石经后转存于杭州孔庙，直至今天。杭州碑林藏

3. 揭秘早有预谋：
以步为尺暗度陈仓

　　南宋皇城被毁的消息传到临川，陈世崇愣了半晌。
当晚，他百感交集，一宿的梦魇断断续续，都是那座曾
经打开他人生梦幻，又破灭他理想之梦的九天宫阙。恍
然重返故宫，眼前到处是成片的花树，掩映着一座座异
常耀眼壮观的殿堂楼阁，而自己则轻车熟路地穿行其中。
转过一个山岗，一阵风来，眼前的一切忽又烟消云散，
连个残渣都不剩。惊梦醒后，他痛惜万分，想把这过眼
云烟抓住，哪怕还有一丝一缕的存在。

　　第二天一早，他研墨铺纸，写下了一行"南渡行宫记"。
如此篇名，表现出陈世崇一直梦寐以求恢复全盛时期大
宋的情结。当年在皇城中行走了无数遍的步履，如今化
成笔墨，一步一字渐次走来——

　　陈世崇是从皇城正北门和宁门踏进宫城的，首先来
到了和宁门和北宫门之间的第一进院落，东边是进奏院
和翰林学士院，西边是中殿和外库。向南前行到北宫门，
循着向东的长廊，又可见一长溜像是鱼贯而列的内侍头
目的房屋。长廊的另一头，连接着属于后殿的祥曦殿和
朵殿，与此相对的有御酒库、御药院、慈元殿外库、内
侍省、内东门司、大内都巡检司、御厨、天章阁等殿宇

房屋。沿着长廊一路曲曲弯弯转过去，沿途可见排列整齐的禁军营房。然后又可转到内藏库，以及与此相对的军器库，再转过去可见一座进入宫内外朝区的便门。

而他是从北宫门进到外朝区的——来到这里，可见五间十二架宽的垂拱殿，宽八丈四尺，进深六丈。它的正殿南侧又有檐屋三间，长宽各一丈五尺，两边各有一座两开间的朵殿，朵殿两侧相连的左右两条长廊，各有二十间房舍。垂拱殿三开间的殿门内，是红色台阶以及殿前栏杆"折槛"。它的背后连着的七开间后殿，就是延和殿，可从西侧右便门进到后殿。垂拱殿东边有一大殿，它因不同需要而随时改名，举行明堂郊祀大典时称"端诚殿"，殿试和状元唱榜时名"集英殿"，宴请友邦使者时叫"文德殿"，武状元唱榜以及各军营任命武官时挂牌"讲武殿"。

陈世崇介绍了垂拱殿和文德殿这两座最主要的大殿的位置和规模。但也有记载不确的地方，把"文德殿"写成了"崇德殿"，且遗漏了官家庆生大宴时的"紫宸殿"称谓。

这会儿，陈世崇基本就在太子东宫里转悠——皇城南门丽正门和外朝南宫门之间、本宫会议所东侧，是为东宫。进入东宫范围，一路两侧都是杨柳，以及朱栏环护的一丛丛芙蓉花，方圆约为二里。东宫外宫门至内宫门之间，节堂之后有财帛库和生料库，四周又有东宫官属值班房舍，并可转到瓷器房。进入东宫内宫门，长廊西侧是宫内赞导官员的值班房"春坊"，东侧是拥有七间屋子的讲堂，即"新益堂"，堂外是讲学官员的值班房。东宫正殿坐北向南，东有圣堂，西有祠堂，后有凝华殿、瞻箓堂，四周遍植竹子。正殿东侧还有太子寝室，西侧又有斋堂，以及东宫内眷房舍

清人顾炎武《历代帝王宅京记》引录的陈世崇《南渡行宫记》。清抄本，国家图书馆藏

共一百二十间。位于正殿东边的彝斋，是太子所取的名字。

陈世崇由东宫北侧便门来到后宫，眼前是一片园林景观——彝斋接通绣香亭便门，出门可通往绎已堂，接着就是一处重檐复屋，这是当年杨太后垂帘听政的殿宇，叫"慈明殿"。殿前有射圃，长度可达一百步（约合现在的一百五十米）。射圃四周环以长廊，向西可转到拥有十二间房屋的博雅楼，往东绕转数十步，一路两旁的石栏杆和砖砌墙，精雕细镂，百花丛中可见秋千架的一角，正对的阳春亭和清霁亭，前后种满了芙蓉花和桂花树。而玉质亭的四周，全是梅花。

一会儿，陈世崇又来到了内朝区的皇帝宫殿旁，以及附近小西湖一带的后苑——由绎已堂穿过足有一百八十开间（长度约合四百五十米）的锦胭廊，可直通皇帝的内朝宫殿，殿廊以外就是后苑，那里梅花千树，

有梅岗亭和冰花亭。倚枕小西湖边的是水月境界亭和澄碧亭。牡丹园有伊洛传芳亭，芍药圃有冠芳亭，山茶园有鹤亭，丹桂园有天阙亭。清香堂匾额题作"本支百世"，祐圣祠题匾"庆和"，泗洲亭题匾"慈济"，钟吕亭题匾"得真"，橘亭题匾"洞庭佳味"，茅亭题匾"昭俭"，木香亭题匾"架雪"，竹亭题匾"赏静"，松亭题匾"天陵偃盖"。翠寒堂采用日本松木建造，但不施朱漆，松木本色白如象齿，四周环植古松，碧琳堂就在附近。

陈世崇这时又掉转头，从馒头山西北侧小西湖这里上了山，然后由北向南，移步换景——馒头山突兀高峻，山顶最高处修筑的观堂，是官家焚香祝祷的场所。理宗皇帝赵昀宠信的女道士吴知古出入宫禁掌管宫中焚香祝天事务时，每天吴山三茅观的钟声响起，这边观堂的钟声也同声应和，这时，皇帝就起驾上观堂来了。观堂东南山坡上，是位置略低的芙蓉阁，在此眺望东南方向的钱塘江上，沙鸟追逐风帆的景象，恰似在观者的脚下。再看山下，一条小溪玉带似的萦绕于山脚，一直通向小西湖。小溪边上又有清涟亭，两边怪石呈现瑰丽奇秀的气象，仿佛三山五湖。穿过这处幽深的洞穴，眼前豁然开朗，迎面一座飞檐翼然的宫殿，委实壮观。

从馒头山东南面下山，陈世崇又辗转于皇城东北角一带，经过几座宫殿和嫔妃房舍，通过库房、书房以及各种附属用房，来到皇城东北角的东华门。

他的整个行踪足迹，由最初的和宁门入宫，大致以逆时针方向，在宫内呈"W"形兜转了一圈，最终回到东华门。

陈世崇仿佛仍在当年的皇宫中，每天轻车熟路地穿行于宫殿楼阁之间，将这一路上看到的情形如实记录下来，一气呵成，毫不费力。写完"是谓东华门"这几个字后，他长长地吐了口气，似乎自己久困于此，现在终于得以走出东华门，走出了这座皇宫，再无牵挂，一身轻松。

是的，陈世崇还在担任皇城司检法一职时，就有了一个"逆天"的"小目标"，那就是要冒天下之大不韪，以步为尺，把这天下最富丽堂皇的居所"默写"下来。也许有朝一日能揭秘了，让天下人都来看看这些天下侍奉的"富贵第一人"，他们是如何先天下之乐而乐的。因有这样的处心积虑，他今天写到的一切，建筑开间、长宽规模、地势高低、前后距离等等数据以及参照物，正是当年他提醒临安府官员编纂《临安志》时需要严格保密，不得泄露的内容。而这些，原来他早有腹稿，胸有成竹。

这份追忆当年皇城的"游踪记"，意外地将南宋最为奥秘的宫禁之地，第一次较为细致地揭示在世人眼前，

只不过这段揭秘，就陈世崇而言，俨然成为他对赵宋故国的最后祭奠。

4. 再现南宋皇城：
　　　爬梳文献，掘地三尺

①《南宋皇城大内分布示意图》原刊于傅伯星、胡安森著《南宋皇城探秘》。图上的建筑编号，作者说明为：

1. 南水门　2. 东水门　3. 本宫会议所　4. 垂拱殿门　5. 文德殿门　6. 东上门　7. 西上门　8. 清赏堂　9. 玉渊堂　10. 荣观堂　11. 凝华殿　12. 绛已堂　13. 博雅楼　14. 明华殿　15. 秾华殿　16. 瑞庆殿　17. 损斋　18. 凌虚阁　19. 勤政殿　20. 内东门司　21. 外库　22. 御酒库　23. 御药院　24. 内侍省　25. 大内都巡检司　26. 御厨　27. 御膳所　28. 殿中省　29. 中殿内库　30. 内藏库　31. 钟鼓院　32. 进奏院　33. 翰林司　34. 符宝司　35. 皇城司　36. 甲仗库　37. 军器库　38. 仪鸾司　39. 八作司　40. 修内司　41. 天开图画坛。

陈世崇的揭秘，成为后人了解南宋皇城格局和详情的唯一文献。

七百多年以后的今天，南宋史研究专家、美术家傅伯星先生，基于《南渡行宫记》记载，并专研和参考了大量宋人著述，绘制了《南宋皇城大内分布示意图》①和《南宋皇城想象图》。

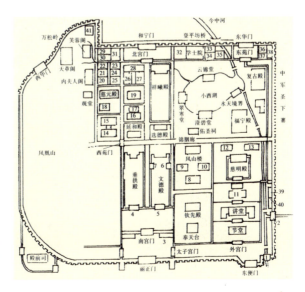

南宋皇城大内分布示意图

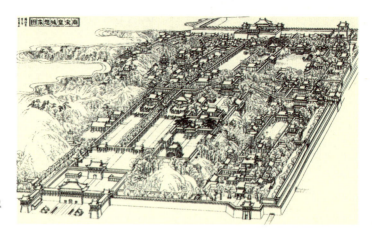

这是两幅较早对南宋皇城作较为具象的复原研究成果，多数地名的定位有宋人文献支持，通过此图可窥当年皇城之一斑，其中垂拱殿画成庑殿形制，非常准确。

当然，由于各种文献记载有牴牾之处，所以此图还是有一些地名的位置有待商榷。譬如，皇城后苑比较重要的一处建筑芙蓉阁的位置，被傅伯星定位在和宁门西侧，似与《南渡行宫记》记载不一致。陈世崇说"山背芙蓉阁，风帆沙鸟履舄下"，他的"导览"线路是从馒头山（"一山崔嵬"即指此山）西北侧小西湖一带上山的，故游山顺序理应是先见馒头山最高点的观堂，再看到位置略低（即所谓的"山背"）的芙蓉阁。所以，芙蓉阁当建于馒头山东南山坡上，在此眺望东南方向的钱塘江上，"风帆沙鸟"恰似在观者脚下。而如果芙蓉阁位于和宁门西侧，便会因为馒头山的隔挡而无法远观江上风景，更无一江风物在人脚下的那种体验了。

虽有置疑之处，但《南宋皇城大内分布示意图》对于还原皇城的筚路蓝缕之功，为后学研究皇城格局带来了一个重要而可贵的参考资料。

此外，傅伯星根据文献记载复原的《德寿宫后苑建筑分布示意图》，也是第一次以地图的直观性对"北内"的整个园林格局进行了表述，在现代考古发掘中也起到了重要的参考作用。当然，考古发现也在修正这幅示意图，比如小西湖的进水渠应在该图的西南区，这也符合杭州地势南高北低的特点，因势利导引水入湖，非常合理。

现代考古发掘，又从遗址调查、勘探、挖掘和研究的角度，发现并揭秘了南宋皇城的范围和格局。但这是一个极为艰难的过程。

元文宗至顺二年（1331），镇南塔突遭雷击被焚毁，之后可能又有重修，但元顺帝至正十九年（1359），占据杭州的张士诚之弟张士信重造杭州城墙时，将这座突兀于馒头山上的塔彻底毁去（塔底那些南宋石刻和石构件估计都埋作墙基了）。杨琏真加所建的其余五寺，在元末战乱中也无一幸存。

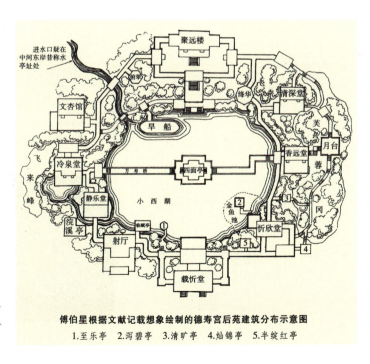

德寿宫后苑建筑分布示意图

傅伯星根据文献记载想象绘制的德寿宫后苑建筑分布示意图
1.至乐亭 2.泻碧亭 3.清旷亭 4.灿锦亭 5.半绽红亭

元朝为了削弱反抗力量的防御能力，尽毁州县城墙，严禁天下修城，以稳固一统江山。因而，南宋皇城城墙和临安城城墙在当时均被尽数拆毁。而元末天下大乱，元军与各路义军的攻守形势发生逆转，元朝不得已下令各地重建城墙。张士诚势力占据杭州时，又重修杭州城墙，却将南城墙修筑在今天万松岭路以北一带，而把凤凰山以及山麓这片原南宋皇城的宫苑禁地"弃之"城外。

数百年过后，已不知有多少人在这昔日的宫禁之地安家落户，寻常百姓家连屋累栋密密匝匝，各类库房、栈房、厂房、校舍等建筑也占地于此，早将这里变成了杭州的一个人口高密集区。

可见，现在的考古工作者要在人口如此密集的城市环境中去探寻七百多年前的南宋皇城遗址，难矣！

临安城考古工作最早可追溯到上世纪八十年代。1983 年秋，为全面了解南宋皇城遗址的分布范围及布局

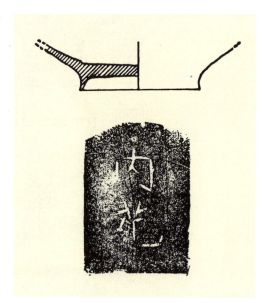

1992 年在南宋皇城宫殿遗址区出土南宋官窑青釉瓷碗残片，底部有"内苑"款。来源：《南宋官窑文集》

特点，中国社会科学院考古研究所、浙江省文物考古研究所、杭州市园林文物局组建了临安城考古队。

经过二十世纪八九十年代的考古调查勘探及试掘，南宋皇城的东、北、西三面城墙均已被找到。而且，皇城主要宫殿区位于现今凤凰山麓某单位仓库院内，这也是一项重要发现。

然而，皇城南城墙的调查与试掘却屡次让人感到遗憾。

1988年，考古队在梵天寺以北和宋城路以南一带进行试掘，共布下三条南北向探沟，结果，基本排除了在宋城路以南存在皇城城墙的可能。

那么，曾经高近十米、宏丽壮观一个时代的皇城南城墙又会在哪里？这个问题困惑了考古工作者很长一段时间，一直没有找到答案。

经过研判，南城墙极有可能就在宋城路及其北侧附近。经现场踏勘发现，宋城路北侧大片民宅所处的地势，明显低于宋城路路面。到1992年末，转机终于出现了。考古队员在宋城路西段，在路面与杭州市射击俱乐部南围墙之间的一块狭小空地上，展开了一次小规模的考古钻探。结果，在距地表0.4米处，发现了保存较好的南宋夯土遗迹。经研究，这处遗迹应该与一直在寻找的皇城南城墙有关。

1996年上半年又有好消息传来，考古工作者在宋城路东端、凤凰山脚路西侧的凤凰山麓某单位原招待所工地，在距地表约3.3米深处发现一条保存完好、营造讲究、呈南北向的南宋砖砌道路。该道路的一个重要特点是，整条道路自南而北渐次增高，恰似一条平缓的上坡路，其北方正对着地势更高的皇城宫殿区（现凤凰山麓某单位仓库一带，相对南部，起码高出 2 米以上），这种修筑方法意在突出主宫殿的高大之势，以显示皇权的威严和至高无上。

综合以上这些信息来分析，有充分的理由可以确认，此道路正是南宋时由宫殿区出入城南的一条主要道路，其南端与南城墙的交界处，正是南宋皇城中富丽堂皇的丽正门所在。

进入新世纪后，南宋皇城考古屡有发现，考古技术手段也日新月异。2013 年三四月间，杭州市文物考古研究所联合中国科学院遥感与数字地球研究所，运用"地球物理勘探"手段，对南宋皇城遗址开展了一系列考古工作。物探考古最终找到了皇城正门丽正门位置，也印证了之前的考古发掘对皇城南城墙位置和走势所作出的判断。

至于南宋皇城为什么不把南城墙建在地势相对较高、地理位置更好的梵天寺北侧的山地上，或与这一带的地

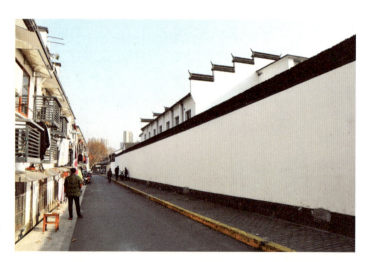

宋城路（自西向东看）

今宋城路5号当是皇城丽正门遗址所在位置

今凤凰山脚路与馒头山路交叉口向北看南宋皇城核心地区逐渐高抬的地势

今凤凰山脚路站在南宋皇城核心地区往南看，这里的地势明显要高出很多。应是大内最重要宫殿所在地

南宋皇城北墙
遗址（中药材
仓库西侧）

形有关。凤凰山山脉往东南方向延伸至梵天寺北侧时，将附近地区围成了一个较大且深的山坳，人称笤帚湾。如果在梵天寺北侧山地上修建皇城城墙，势必会将偌大的笤帚湾裹进皇城内，如此，每逢杭州雨季，笤帚湾周围山上的山水势必汇聚此地，极易形成水浸之地，有百弊而无一利。因而，当年南城墙向北"退守"于今天的宋城路一线，应是无奈之举。

经过长期艰苦的考古发掘和严谨细致的文献研究，南宋皇城的四至范围终于"合龙"：南城墙自杭州铁路装卸机修厂折而西行，沿宋城路中段至东南化工厂仓库（宋城路 92 号），然后向西方向延伸，循杭州市射击俱乐部南围墙而西，最终与凤凰山东麓相连。西城墙主要依托西面凤凰山作为其天然屏障，只是在地势较为平坦的山坡局部修筑城墙。北城墙自万松岭路南侧的山坡向东延伸至馒头山东北角。东城墙沿馒头山东麓往南延伸至今杭州铁路装卸机修厂内。

当然，上述南宋皇城四至范围的考古发现并非就此成为最终的"定案"，其中仍存在学术讨论的空间，问题的焦点主要是皇城东城墙的南、北两端定位与权威的文献记载不能吻合，与早期临安城考古发现也不尽相同。

绍兴二十八年（1158），皇城东南修筑临安城城墙。新建的这段外城墙到皇城城墙之间，根据文献记载合计有十三丈的区域，也就是四十米左右。

按照多年来的考古调查和勘探结果，临安城东城墙的东南段大致在今天的凤山路一线。因此，原来馒头山麓发现的城墙，其实应是皇城内部的某段宫墙而已，真正的皇城东城墙还要在向东一百多米、与凤山路相距约四十米处。

南宋皇城的考古寻踪远不止"南大内"这些内容，考古工作者在凤凰山东麓风餐露宿，紧盯着每一次镢头之下的翻土变化，但同时，也时刻盯着"北内"德寿宫那一带的动静。

早在 1984 年，为了配合中河综合治理工程，临安城考古队在望仙桥至新宫桥之间的中河东侧开展考古发掘，结果发现一条南宋砖砌道路遗迹。该道宽 2 米，砌筑整齐，路基厚达 4 厘米，距中河约 15 米。当时根据发掘地点推测，此路可能与德寿宫遗址有关。

宋城路西端皇城"西华门"遗址发现处，南面小山即包家山

2001 年 9 月至 12 月，为配合望江路拓宽工程，杭州市文物考古研究所对望江路西端北侧地块进行抢救性考古发掘，发现德寿宫的东宫墙、南宫墙以及部分宫内建筑遗迹。东宫墙呈南北向，揭露长度约 3.8 米，系夯土外侧包砖而成。在其西侧还发现一条长 11.7 米、残宽 2.3 米的砖道。

2005 年，望江地区开始启动旧城改造，考古工作者在这年 11 月 18 日开始，对位于望江路北侧原杭州工具厂区内的 R21-01 地块进行了抢救性发掘。在地下两三米处发掘出德寿宫遗址近 1000 平方米，发现了一系列与南宋德寿宫有关的重要遗迹。

2017 年 5 月 26 日，考古人员在中河中路 18 号以东

古杭城规模初见眉目

南宋临安城遗址考古工作有新进展

　　本报讯 （记者金紫荣、姜青青）南宋临安（即杭州）遗址的考古工作又有新的进展，古杭城的规模已初见眉目。

　　去年，中国社会科学院考古研究所、省文物考古研究所和市园文局联合组成的考古队，以南宋皇城为重点，对临安城址进行了大规模的钻探。在万松岭路南面山坡上，发现了皇城的北城墙，墙宽十米左右，两面有砖层保护，中间是夯土。在馒头山东麓一带发现了皇城东城墙，现已基本搞清了皇城东、北城墙的位置，对南城墙位置的探测，也已找到了线索。这对皇城的开发很有价值。

　　在省军区内（南宋时为皇城区），考古队钻探到一个较大的夯土台基，据考证，这可能是当时皇宫内的殿基。

　　名列宋代五大名窑之首、专为皇室烧瓷、在国内外具有很大影响的南宋乌龟山郊坛下官窑，其遗址范围已钻探清楚，今年将正式发掘。

　　考古队还配合城市建设，在杭州卷烟厂发掘出一座进深十八米、面宽三开间的南宋建筑，其南边有砖铺路，房内全部用砖铺地，房东有砖砌排水沟。卷烟厂位于当时皇城北门——和宁门附近，对照有关历史记载，这一南宋建筑可能是当时的一个重要官衙。

　　结合中东河治理工程，并依据史料记载，考古队在现在的望仙桥和新宫桥之间挖了三条试掘坑。结果在地表下两米多处发现了一条宽两米多的南北走向的砖砌道路，由宋代特有的"香糕砖"砌成，构筑讲究，保存完好。根据史籍记载，这里当属德寿宫范围。德寿宫原为秦桧宅第，建筑宏伟华丽，后为宋高宗退位所居，这条砖道的发现，为研究德寿宫提供了极为重要的线索。

　　◇ 图为在望仙桥东面发现的南宋砖道。

德寿宫遗址考古第一次披诸报端，发现砖道等遗迹。来源：《古杭城规模初见眉目》，刊载于 1985 年 1 月 17 日《杭州日报》一版

2001 年发现德寿宫南
城墙遗迹

的一大片空地上，第四次对德寿宫遗址"挖地三尺"。
通过前后四次考古发掘，德寿宫的模样逐渐清晰起来——

其一，发现德寿宫西宫墙，为确定德寿宫遗址的西
界提供了直接有力的证据。2001 年在望江路改造工程的
考古发掘中，发现了东、南两个方位的宫墙遗迹，确定
了其东至、南至范围。现已基本确定德寿宫范围在今天
的望江路以北、建国南路以东、中河路以西。至此，唯
有北宫墙不见踪影，德寿宫北界未能确定。

其二，发现以大型水渠为主，包括水闸、水池等设
施在内的园林遗迹，为一窥南宋时期的皇家园林风貌与
造园技术提供了宝贵的实物资料。大型水渠遗迹通过西
宫墙直接与中河贯通，自西北向东南迂回曲折地贯穿整
个发掘区，形成了一道独特的园林景观。

德寿宫遗址第三次考古发掘现场

其三，考古发现的遗迹数量之多、种类之丰富，对于进一步了解德寿宫建筑与园林布局有很大的帮助。从遗迹在发掘区内的分布来看，中西部有水闸、水池、水渠等遗迹，这可能是以园林建筑为主的景观休闲区；中

德寿宫遗址水渠遗迹

东部有柱础基础、夯土地面、消防水缸等遗迹，应该是以房屋建筑为主的生活区。

其四，大致分辨出德寿宫在高宗、孝宗和吴太后及谢太后这三个时期的遗址层，而以两位太后时期的遗址保存较好，为展示德寿宫遗址打下了基础。

南宋德寿宫遗址规模宏大，营建考究，为南宋官式建筑和造园技术的研究提供了重要的实物资料。鉴于该遗址的重要性和独特性，2020年，杭州市决定在此遗址上，建设一座德寿宫遗址公园暨南宋博物院（一期）。

南宋皇城，这座曾经无比辉煌壮丽的宫苑的整体形象，前所未有地清晰起来，最终打开这扇历史大门的"钥匙"，已触手可及。

2018年8月时的德寿宫遗址考古现场，已揭示面积约4900平方米，发现天井、水沟、柱础、夯土层等遗迹

第八章

拼图：弥足珍贵的一角半边

靖康中，（萧照）流入太行为盗。一日掠至李唐，检其行囊，不过粉奁画笔而已。
叩知其姓氏，照雅闻唐名，即辞贼，随唐南渡，得以亲炙。唐感其生全之恩，尽以
所能授之。绍兴中，补迪功郎、画院待诏，赐金带。

——《图绘宝鉴》卷四

1. "马一角" "夏半边"，
原来事出有因

明朝永乐年间。

有一天，宫廷画师范启东捧着几卷绘画呈送成祖皇帝朱棣观赏。朱棣一眼看上了当时永嘉（今浙江温州）画家郭文通的山水画，一个劲地夸他的画山山水水布置茂密，画得很丰满。朱棣兴致一来、脑子一热，还给郭文通新赐了一名，叫作"郭纯"。

君臣赏鉴之际，范启东自然而然拿出南宋画院画家夏圭、马远的作品作参照，不料，朱棣勃然作色，呵斥道："什么人胆儿这么肥！竟敢把这种残山剩水、偏安之物弄进宫来！"言下之意，南宋宫廷画家所描绘的那个王朝，江山残破，很衰！衰到留下的这些画也是不祥之物，岂能在大明皇宫登堂入室？

朱棣对南宋院画的这种带有政治色彩的情绪化评论，显然已脱离了艺术批评的范畴。在南宋绘画中，马远、夏圭等画家既有体现"以小观大"艺术旨趣的"边角之景"，也有以"大斧劈皴"手法描写的酣畅淋漓的鸿篇巨制，"边角之景"和"大斧劈皴"构成了南宋院画山水画在整体上的一个风貌，这才是事实。

李嵩《钱塘观潮图》局部。故宫博物院藏

而宋画之所以美，在于它的意韵之妙，那些留白的"边角之景"空灵、含蓄，恰似余音袅袅不绝如缕，简洁、素淡，又似榄香甘美沁人心脾，那些画家若无艺术的大智慧，其美学价值何以能千年不衰？把南宋院画视作"残山剩水"的政治写照，实在是一种缺乏艺术修养的不当解读。

南宋院画中不少涉及建筑的绘画出现"马一角"和"夏半边"这种现象，其实也是事出有因，这与画家所处的特殊地位不无关系。一句话，宫廷画家要为宫廷保守秘密。

一个明显的案例是，南宋宫廷画家李嵩的长卷《钱塘观潮图》，所绘观潮的钱塘江边皇城地区，竟然是一片"白地"，没有任何殿宇、园囿景象。这就是一种保密。官修《咸淳临安志》绘制的《皇城图》居然不提皇城之内的一个地名，这与《钱塘观潮图》的想法和做法如出一辙。

其实，宋金之间那时在往来的外交使团中，都暗藏擅长山水、建筑和人马画的画家，他们用画笔刺探对方境内的山川形势、津关要害以及兵马活动，使得所获情

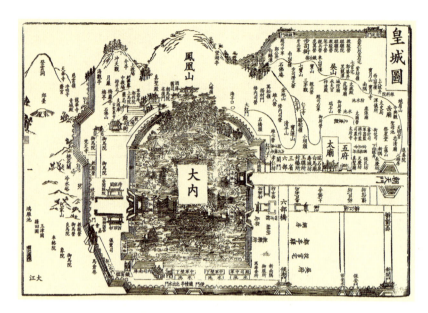

宋版《皇城图》

报更形象直观。

　　还记得那个"立马吴山第一峰"的经典故事吧。金国海陵王完颜亮曾在访宋使团中混入画工，偷绘了临安湖山图。完颜亮乍见临安山水"实况"，兴奋得要命，叫人将自己的骑马英姿添加于图上的吴山绝顶。此情此景又让他吟诗一首，抒发"宏愿"："自古车书一混同，南人何事费车工？提师百万西湖上，立马吴山第一峰。"临安湖山图最后竟然诱发完颜亮发动了一场宋金大战。

　　孝宗赵昚曾锐意恢复，委派精擅绘画的宗室赵伯骕以副使身份参团出使金国。赵伯骕传世之作《番骑猎归图》（参看本书第一章第 14 页插图），非常细致地反映了女真骑士的武器装备和精神面貌，对分析金国军情有一定的参考价值。

　　宁宗开禧三年（1207）到过北方的南宋画院待诏陈

居中，有一幅《柳塘牧马图》（参看本书第一章第 17 页插图），更有"内涵"：水塘两岸两群马在牧马人的驱赶下纷纷入水，形成对阵，游向彼岸，其情形并非普通浴马戏水；马背上的围人戴白毡笠子，或露髡发双辫，这是典型的女真人形象；一名白衣女真首领盘坐于岸上，颇具督察意味；联系金兵不擅江南水网地带作战的特点，此画可谓一幅金兵"特训"实景图，情报价值不言而喻。

明白了吧，出于防间保密的需要，即使是宫廷画家，面对大内这些天下最为宏丽的建筑，他再有丹青描摹的激情，也只能勾画殿堂亭阁的"一角"或"一边"，点到即止，不及其余。是以后人想要通过宋画看到南宋皇城内的全貌全景，几乎没有可能。

然而，就是从南宋院画中对于宫廷建筑和场景的"一角"或"一边"的描绘，我们仍然可以对南宋皇城这一当时的最高等级建筑群，得到一个概念性的印象，就像一幅"拼图"。

而事实上，对宫室"一角""一边"的描绘，始作俑者恐怕就是其中的一个主角徽宗皇帝赵佶。

政和二年（1112）元宵节次日，皇宫正大门宣和门一带，忽然传来一阵阵响彻云天的鸣叫声，宫中飞来了二十只白鹤，飞舞翱翔，其中两只还停歇在宣德门城楼屋脊两头的鸱吻上，引吭高歌。良久，群鹤方才振翅远去。

事后，赵佶将这亲见的一幕视作祥瑞美景，以他最擅长的翎毛花鸟画技艺和独具一格的瘦金体书法，御笔亲绘和跋识，创作了一幅绝妙的《瑞鹤图》，一时传为佳话。那年，赵构还只有六岁。

徽宗赵佶《瑞鹤图》。辽宁省博物馆藏

　　但《瑞鹤图》只画出了宣德门重檐门楼的上屋顶，以及门楼左右两座阙楼檐顶的一角，毕竟这幅画的主角是这群瑞鹤。可就是这些建筑局部，一眼可以看出，是用界尺工笔绘制的"界画"，那门楼的线条、比例和形状，与实体建筑应该极为相近。所以，赵佶这幅画可谓给后人带来了最为接近真实的宋代宫门图像，虽然只是"冰山一角"，却弥足珍贵。

2. 晋文公复国 "复制" 了
早期皇城样

　　赵佶是书画界的一把好手，但在治国理政上却昏庸颟顸，荒唐透顶，使得北宋王朝最终葬送在"靖康之变"中。那以后，天下一度陷入大乱，难民溃兵散行四野，豪强盗贼纷起山林。

　　一天，太行山上某山寨中的强人萧照外出剪径，捉到一名河南口音的奇怪难民，搜遍他的行囊没见一星儿的碎银，不过是些粉奁画笔而已，仿佛这些物品才是他最宝贵的财富。

　　劫人无数的萧照好奇了，一问才知道，这人就是汴京宫廷画院里的山水画大师李唐。

　　萧照是一名见多识广的"雅贼"，素闻李唐大名，且对他还有点小崇拜，只叹无缘一面。而现在李唐自动送上门来，他岂能放过这天赐良机？一不做二不休，萧照干脆辞别了一起打家劫舍的同伙，跟着李唐去学画了。

　　李唐要去哪儿呢？他还想着自己是御前画院待诏，打听到新上位的官家已经南渡去了杭州，便一路风餐露宿，也来到了杭州。

初到杭州时，他生活困顿，仅靠卖画度日。但时局不稳，谁还有闲情逸致买画消遣？且市面行情似乎只看好花鸟画。昔日皇帝都点赞叫绝的画艺，眼下却似破缣废纸，无人问津。

某日雨雪交加，路人稀少，李唐生意更是惨淡，一时愤懑，脱口吟道："雪里烟村雨里滩，看之容易作之难。早知不入时人眼，多买胭脂画牡丹。"李唐的山水画不流行于坊间，但还是流入了宫里。一名老内侍见到后，一眼判定这是李唐近作，急忙向官家报告说，李待诏已到杭州。

原来，李唐在徽宗画院任事时，曾为那时的九皇子赵构办过事，估计给赵构留下了良好印象。现在赵构得知李唐南归行在，立即派人找寻。京师故宫画师李唐重归画院的消息传开后，市上本来无人青睐的李唐画作，即刻被人高价收购，哄抢一空。

李唐《晋文公复国图》中的厅堂与台阶（双陛），为重耳受到宋襄公礼遇时的场景。纽约大都会艺术博物馆藏

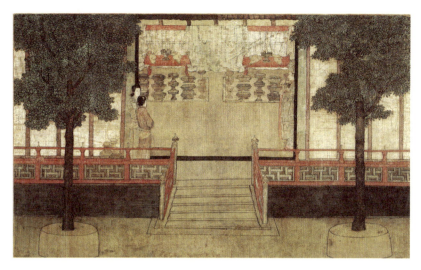

南宋佚名《孝经图》局部。红色是南宋宫廷建筑用色，树墩的形状与《晋文公复国图》上的基本一样。故宫博物院藏

杭 州 风 迹

HANG ZHOU

　　经历了"靖康之变"的李唐渴望能够早日收复故土，实现民族复兴，创作了历史题材绘画《采薇图》，以伯夷、叔齐"不食周粟"的故事为题材，彰显他们对外来势力誓与抗争、绝不低头的民族气节。他为赵构创作的《晋文公复国图》，通过春秋时晋公子重耳流亡宋、郑、齐、楚、秦等国十九年，最终成功复国为君的故事，更直白地表明了自己雪仇复土的期望。

　　李唐《晋文公复国图》画的虽然是先秦典故，但其中的建筑形象则反映了两宋之交的一些宫室概貌，对后人了解南宋初期的皇城建筑，很有参考价值。

　　南宋皇城早期建筑的营造标准降得很低，新建殿宇即使来不及油漆也没关系，能够遮风挡雨即可。这种"务简约，去华饰"的做法，在《晋文公复国图》所绘宫室建筑中有一定程度的反映。

南宋宫廷早期的建筑形制还可以在南宋佚名《孝经图》上看到一些景象。除此之外，跟李唐差不多同时期的、活跃于绍兴年间（1131—1162）的画院待诏马和之，曾为高宗御书《诗经》三百篇绘图，这些画和《晋文公复国图》一样，虽然内容都是先秦故事，但也展示了南宋初期建筑的一些特点，与李唐所绘正可相互印证，比照而观。

然而从"绍兴和议"之后，皇城建筑的简约之风开始渐行渐远。李嵩的《明皇斗鸡图》若与《晋文公复国图》对照，就可以发现，画上建筑的细节趋于精致，厅堂外墙的须弥座、木格子长窗、雕花坡道，以及庭园中的假山等，都是李唐、马和之画上所没有的。

南宋佚名《桐荫玩月图》上的建筑等级较高，此画似是宫廷内苑一景，画上庭院中两株大树的护墩，相比《晋文公复国图》已砌筑得很考究了，加上盆景、芭蕉、太湖石等，整个园林景致比李唐的画显然更丰富。

马和之《〈小雅·南有嘉鱼〉篇书画卷》之蓼萧，正面角度的宴会大厅。波士顿艺术博物馆藏

李嵩《明皇斗鸡图》。纳尔逊博物馆藏

　　赵构立足临安城后，承袭北宋画院制度，重建书画艺术"高地"，通过画院广罗人才，培养了一大批具有较高专业素养的宫廷画师。他们的绘画以一种诗意表达自然景物和现实生活，富有境界和意趣，具有很高的艺术欣赏价值，堪称宋画中的典范。

　　现在所称的"南宋四大家"李唐、刘松年、马远和夏圭，都是南宋画院中的佼佼者。

　　南宋末年，周密《武林旧事》点到的"御前画院"的画师有：马和之、苏汉臣、李安中、陈善、林春、吴炳、夏圭、李迪、马远、马璘等。以建筑画来说，木工出身的李嵩尤其突出，描绘亭台楼阁等建筑"界画"是他的擅长，建筑细节的细腻准确和整体构造的精美逼真，让他的画作享誉古今。

但事实上远不止这些人，清人厉鹗《南宋院画录》爬梳各类文献记载，共收罗到萧照、李嵩、陈居中、阎次平、梁楷、贾师古、陈清波等九十八名南宋画院的画师。

南宋佚名《桐荫玩月图》。故宫博物院藏

李唐《晋文公复国图》中的乌头门及前厅，右侧树桩护墩也为南宋官苑中习见做法。纽约大都会艺术博物馆藏

当我们今天探寻南宋皇城的原貌时，不要忘记当时曾有这样一批蜚声朝野的画家，他们与很多身为皇亲国戚的画家一样，是一群与皇城大内走得最近的艺术家，在他们描画的大量山水、建筑和庭院景象中，必有皇城大内的"真影"和"真图"。

3.一场"造神"运动带来的
"副产品"

"咦！这四个高高大大的人，都是谁啊？"

绍兴十二年（1142）八月，被金国放归的赵构生母
韦太后回到临安，阔别十五年的母子俩终于团聚。韦氏
回来后，带来了一则"神话"故事，说是当年汴京被金
兵围困时，康王赵构奉命出使金营，韦氏在送别儿子时，
边上一名叫招儿的小丫头指着赵构的背影，惊讶地说，
她分明看到有四个巨人各拿着枪戟弓剑，跟在康王的马
后！众人四处查看，哪有她说的四巨人？可韦氏说了，
她自己平时敬奉"四圣"，虔诚恭谨，现在一定是他们
显神了，出来保佑我儿逢凶化吉，一路平安。

"四圣"是谁？按照道家说法，这是紫微北极大帝左
右的四名大将，叫天蓬、天猷、翊圣和真武。

后来赵构河北挂帅，南渡迁徙，重构大宋王朝，这
一路走来，尽管屡遭凶险，又长期颠沛流离，但终究保
住了大宋的半壁江山，冥冥之中似乎果然受到了神灵的
护佑。

为此，现在对"四圣"感恩戴德，必须得有些实际

操作。具体行动就是在西湖孤山动迁了智果寺等四座寺庙，在这上面建造一座御前宫观四圣延祥观。选用上好沉香木雕造四圣及其从者二十人的塑像，并用大珠精巧装饰，作为敬奉的神像。观旁又建延祥园作为御花园，园中最高处也是孤山的制高点上，建一座规模壮丽的凉堂，用以观赏西湖风景。赵构喜欢梅花，附近"处士墓"原有林和靖梅妻鹤子的佳话，于是在凉堂四周种植梅花数百株。

到绍兴十四年（1144），官家牵头的四圣观营造工程竣工。赵构选定了一个吉日，打算莅临游赏。

然而，赵构的一名贴身内侍在官家行前的例行检查中，发现这项重点工程忽视了一桩很重要的事：官家观景必到之处的凉堂，四壁两三丈高的粉墙上，干干净净，雪白一片；这白森森的太晃眼了，也不吉利，得改！

但怎么改？明天官家就要来了，临时换一种鲜丽颜色涂抹了，行吗？赶紧找人找涂料，还来得及改吗？

南宋萧照《中兴瑞应图》中赵构骑马时站立其后的"四圣"。上海龙美术馆藏

那内侍也是急中生智，突然想起一人，对手下人说，快！快去把萧郎叫来，让他把这里的粉墙全部画上山水画，今晚必须搞定！

萧郎是谁？

他就是李唐的"关门弟子"、现任画院待诏萧照。

萧照绝对是个聪明人。他当初毅然离开太行山，师从流落江湖的李唐辗转来到杭州，与其说是一时冲动，还不如说是对于梦想的执着追求；而最终能从一名草寇成功"转型"为画院待诏，他依靠的则是与众不同的才情。

作为宫廷画师，画艺水平是根本。这点，因为有大师李唐的倾力指教，萧照打下了扎实的功底，对绘画艺术具有极强的把握和表现能力。而他在绘画领域之内和之外所反映出来的机敏，似乎更超越了他的师尊李唐。

萧照接到这项紧急任务后，不慌不乱，只是向传令

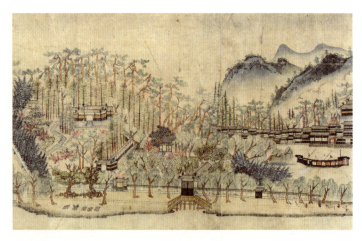

《西湖清趣图》中位于孤山的延祥观御花园，图左最高处建筑即是凉堂，图右背景山岭即葛岭。弗利尔美术馆藏

人伸出了四个手指头。啥意思？他要宫中御酒"尚方酒"四斗。

这时候，只要你答应如期完成这四堵高墙的装饰绘画，甭说四斗，也甭说你要这么多酒干吗用，就是四十斗、四百斗都可以如数奉上。

萧照叫人把这四斗酒立即运往孤山作画现场，自己却在黄昏时候才从城里出发，不紧不慢来到了凉堂。

这一晚，从黄昏至次日凌晨，凉堂中烛光通明，彻夜不熄。萧照以一个更鼓为限，喝一斗御酒，画一堵高墙，如此推进，一刻不停。到了五更破晓时分，四斗御酒全部喝干，凉堂四壁也全部成为了壁画。而这时，只见萧照颓然倒地，已然烂醉如泥。

当赵构来到凉堂时，眼前四大幅山水壁画让他惊叹不已，赞不绝口。整体远观之后，他又忍不住近前细细品味这画的用笔精妙之处，却意外发现，这些巨幅山水画竟然还有些墨色未干，别有一种水灵生动的意韵。

听到左右报告的萧照以酒助兴、通宵作画的事迹后，赵构大为感动，当即予以金帛赏赐，以资鼓励。

但是，这具有传奇色彩的凉堂壁画根本算不上萧照的"杰作"。在赵构眼里，萧照后来跟曹勋合作的一幅长卷《中兴瑞应图》，那才是本朝宏大主题绘画中的佼佼者。

曹勋就是在"靖康之变"时太上皇赵佶身边的一名"小秘书"，他在金兵的俘虏营中冒死逃脱，为赵构带来了太上皇的一封亲笔书信，信中要他尽快即位。这等于是

南宋萧照《中兴瑞应图》中的一则神奇故事：赵构骑马渡过冰封大河，刚上岸，冰面即解冻开裂，从骑则马陷河中，由此也摆脱了金兵的追击。上海龙美术馆藏

为赵构带来了一份足以证明他皇帝身份合法性的法律文书，曹勋的功劳太大了。

可是，曹勋这人做官的本事很一般，这么好的一个"开局"居然没能让他一帆风顺青云直上，却一直处在官场的"灯火阑珊处"。到了赵构退位当太上皇时，曹勋感觉再不弄出一点名堂来，这辈子就窝囊到底了。这一着急，憋出了一个"造神"运动，那就是受官家营建四圣延祥观的启发，奔着"君权天授"的主题，盘点赵构从康王成为帝王过程中的种种祥瑞与灵异的故事。

为了让那些逆天的"奇葩"事儿实现形象化、易传播的效果，他找来了萧照做帮手，一起创作《中兴瑞应图》。具体操作是，由他出故事创意、出赞语文字，由萧照将文字图像化，形成一文一图一故事的长卷。整幅画卷一共创作了十二组图文故事，每个故事每个情节，离奇怪异，真有点惊世骇俗的震撼。

赵构对于曹勋和萧照的这番神操作，当然是感激不已。而新官家赵昚也要太上皇高兴，于是两位忠诚的"造神"原创者，均被加官晋爵。曹勋被授予太尉、昭信军节度使、提举皇城司的职位，算是比较顶级的荣誉官职，一生至此，可以无憾了。

萧照则被授予迪功郎官衔，虽然只是最低级别的从九品，但在那时画院待诏基本不授官职的情形下，这已经是破例开恩了。而且，官家还特别赐予了他一条光灿灿的金腰带。这些荣誉非同寻常，他的老师李唐都未能享有如此殊荣。

《中兴瑞应图》描绘的种种"神话"故事，不是本书要说的重点。但其中作为场景和背景的好多建筑，当是参照了南宋初年的宫室或临安城重要建筑的样貌画成的。譬如，萧照画的城门门楼，木结构均用红色髹漆，显然属于官式建筑的造法，而它的单门形制表明，这很有可能是当时临安城某座城门的样式。因此，这幅图在当年

南宋萧照《中兴瑞应图》中赵构骑马出汴京城的场景，临安城城门应类似图上所画。上海龙美术馆藏

的"造神"运动中，不经意间，也给后人带来了一种"副产品"——南宋临安以及皇城的一边一角。

　　细究《中兴瑞应图》以及其他宫廷画师的相关作品，探寻南宋皇城在这些传世真迹中留下的"雪泥鸿爪"，剖析打开它大门的"密钥"，一座辉煌一百多年的江南山水园林宫殿，兴许哪天就此"吱呀"一声，宛在眼前。

第九章

窥豹：宛在眼前的皇城风采

一山崔嵬，作观堂，为上焚香祝天之所。吴知古掌焚修，每三茅观钟鸣，观堂之钟应之，则驾兴。

——陈世崇《南渡行宫记》

1. 宫门：阙楼红墙，
一脉相承宣德门

最后这一章，让我们一起在相关传世宋画中，仅从外观式样和形制上，领略南宋皇城风貌。

赵构定居临安城后，非常喜欢游览西湖。但频繁游

北宋元丰三年（1080）吕大防等绘《长安志·兴庆宫图》残碑拓片（反相）上的丹凤门。西安碑林博物馆藏

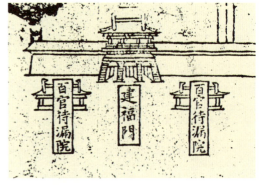

北宋元丰三年（1080）吕大防等绘《长安志·兴庆宫图》残碑拓片（反相）上的建福门。西安碑林博物馆藏

250

宋版《咸淳临安志·皇城图》上的丽正门外观。国家图书馆藏

湖，他觉得对外影响可能不太好，有损自己的形象。于是在与皇城相近的城东，找了块地，建造了一座御花园，取名东园。

落成典礼时，他携皇后吴氏高高兴兴来游赏了。两人在园中走着走着，忽见有一园门，径通另一小园，园路两侧种满了柏树。看到这景象，原本喜笑颜开的两人，竟然相视而泣，一边还连连感叹道："太像了！"

左右一脸诧异，莫名其妙，但又不敢问。这以后，他俩再来东园时，唯独不到这柏树夹道的地方。左右百般揣测，最终怀疑这里的园门、园路和园林植物，与汴京故宫的后苑有极大的相似度，以致官家触景生情，感伤不已。

这故事反映了当时在东园的设计建造上，存在着刻意模仿汴京宫室园囿某个局部的现象，有浓厚的故宫味道。这其实也透露了宫室营建正逐渐向北宋时期皇宫建筑的宏大、壮丽风格靠拢。这种营造风格上的延续性，也让后人可以从北宋皇城建筑的某些特点来体会南宋皇城建筑的风貌。

对照赵佶《瑞鹤图》，南宋皇城的正门丽正门，与北宋皇城正门宣德门应该有一定的相似性。赵佶所画的宣德门门楼屋顶，是宫室建筑中最高等级的庑殿形制。这里虽然没有画出大门形状，但据文献可知，宣德门与唐长安大明宫正南门丹凤门一样，是五门并列的造型。

而南宋皇城丽正门与和宁门，都是三门并列，形制

元王振鹏《唐僧取经图》中三门并立的王门，平时仅开左右两门，君王出入由中门。日本藏本

南宋皇城还有不少便门，宋高宗书、马和之绘《孝经图》中的红色宫门即属便门。
故宫博物院藏

上与大明宫偏门建福门相同。南宋吴自牧说，丽正门"其
门有三，皆金钉朱户，画栋雕甍，覆以铜瓦，镌镂龙凤
飞骧之状，巍峨壮丽，光耀溢目。左右列阙，待百官待
班阁子"。

官修的《咸淳临安志》中的《皇城图》，描画的丽
正门以及门前建筑，与《梦粱录》这段描述非常吻合。
这等于是比北宋宫城城门降低了一个等级，反映了最初
在临安城营建行宫时，抱着一种临时暂住的想法。

丽正门虽然比宣德门少了两门，但作为宫门正门的
整体构造和外形，两者应该差距不大。

2. 宫殿：却把"宫城"作"仙城"

　　中国古代帝王宫室建筑为突出天子的权威与高贵，其体量和外观追崇宏大、华丽和威严。汉初萧何作未央宫，就有"非壮丽无以重威"的宫室营建理念。而儒家礼制中"君子以非礼弗履"的思想，也使得历代帝王极为重视礼制规范，反映在宫室建筑上，就是在建筑形体、规模和名称上，都规定了极为严格的等级制度，任何人

宋《营造法式》大木作制度示意图（殿堂）。"殿"在古代是指最高、最大的建筑，汉代以后"宫殿"逐渐成为帝王朝会理政和居住地方的专称。来源：刘敦桢《中国古代建筑史》

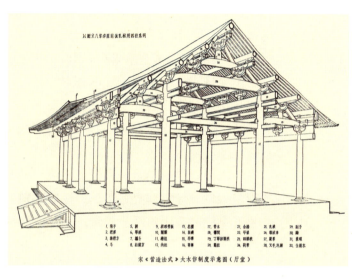

宋《营造法式》大木作制度示意图（厅堂）。来源：《中国古代建筑史》

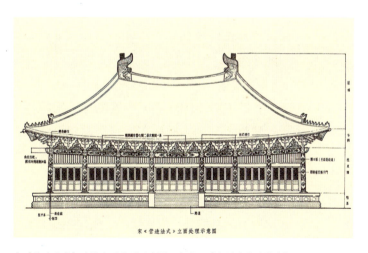

宋《营造法式》庑殿立面处理示意图。来源：《中国古代建筑史》

不得僭越，否则即视为大逆不道。

北宋时，李诚《营造法式》成为颁布天下的官方建筑法规，更进一步细化和强化了官式建筑的建造法度。南渡之初，限于时局动荡和财力匮乏，南宋皇城宫室的营建并未严格按照《营造法式》施行。绍兴十五年（1145）王晚（秦桧妻弟）重刊《营造法式》后，在官方层面上表明了南宋建筑制度继承于北宋。在那以后，南宋皇城建筑的修建，应当就是以《营造法式》为施工标准的。

现代建筑学家刘敦桢根据《营造法式》大木作制度复原了殿堂、厅堂和高等级建筑形制庑殿的示意图。南宋皇城中的高等级宫殿垂拱殿，其屋顶应该就是这类庑殿式样。

赵伯驹是赵宋宗室，擅长山水画，深得高宗赏识，时常被召进宫中。从他的《蓬莱仙馆图》《仙山楼阁图》等作品看，似可见南宋皇城的部分"盛况"。画中殿阁楼台、廊轩亭榭层叠错落，规模宏大且奇丽精致，民间绝少能见。这些建筑群虽为艺术创作，但皇城大内中的建构极有可能成为其"蓝本"。

赵伯驹《阿阁图》描绘的是一组超乎寻常的大型宫殿建筑。阿阁，原指古时帝王宫室，黄帝时造白凤巢于阿阁。此处当是一处想象与现实相结合的皇家宫殿庭院。

图中最"突出"的是一座高台建筑，平面呈"凸"字型，砖石铺地，朱栏围护，当是雅集观景的绝佳之地，有八九名女子在台上各有所事。台上大殿、台下右边殿门，以及下方的水殿，这三座建筑的重檐歇山顶的作法别出一格，为多个歇山顶的骑跨叠加，非常罕见。大殿之间又有长廊勾连，使得这组因地制宜营造的建筑具有

赵伯驹《蓬莱仙馆图》。清代乾隆帝题诗："参差仙馆类蓬瀛，临水依山风物清。可望而不可即之处，画家别有寄深情。"故宫博物院藏

赵伯驹《仙山楼阁图》局部，青绿色的奇山之间一座红色大殿矗立在祥云之下，重檐鸱吻、庑殿形制，表明了这是一座最高等级的宫殿。仙山楼阁的高不可攀，只能以人间最高规格的皇城宫殿去比拟了。辽宁省博物馆藏

赵伯驹《阿阁图》局部。台北故宫博物院藏

很强的整体感。而所有建筑的屋顶用黄色或绿色琉璃瓦，更显得无比华贵。

如此奢华的建筑非皇宫禁苑莫属。

3.高台：望山望月，
望尽天涯路

　　南宋皇城所处的凤凰山和馒头山的自然地形，决定了其很多建筑位居高处，由此而成为登高望远、观天拜月的理想场所，也是祈求上苍保佑的祝祷佳地。这种依

李嵩《高阁焚香图》。台北故宫博物院藏

山高筑的特点在中国古代宫廷建筑中并不多见。南宋东宫掌书陈世崇的《南渡行宫记》记载："一山崔嵬，作观堂，为上焚香祝天之所。吴知古掌焚修，每三茅观钟鸣，观堂之钟应之，则驾兴。"

李嵩《高阁焚香图》，可谓就是对馒头山上这个"观堂"比较接近的一个写照。

这幅画工笔描绘了一座山顶上的园林式庭院，一座高大的重檐双脊歇山顶楼阁建于高台之上。在女脊和侍女的陪侍下，"主人"正祝祷上天，高香弥散，祈福求安。画面左侧远景为仅露尖顶的亭阁，下方近景两排厅堂脊，都衬托出这处楼台地势极高。高台也是观景露台，与楼阁之间设有一藤架，可见闲暇时候在此品茗小坐，也有庇荫之处，却不碍远观四下的山水风景。

整个建筑群规模和体量并不太大，空间尺度上却很适合建于类似馒头山这样并不十分高峻的山上。

马远《楼台春望图》局部

马远（款）《高阁侍读图》。浙江省博物馆藏

　　类似的高台建筑在院画中多有所见，如马远《楼台春望图》，画上老松虬枝张扬苍劲，一处精美雅致的楼台在远山薄雾和漫野花丛的烘托下拔地而起，立足极高，登临凭栏处，俯瞰众山小，似有一种君临天下的气象。

　　马远（款）《高阁侍读图》，画中高阁显示出南宋宫室建筑的特点，梁、柱等构件均髹漆以红色，主人书桌也呈大红色，因而这当是一处宫中建筑；以"边角之景"构图的画面，右下角寥寥几笔浅淡的远山，反衬近处台榭及其所在山地的高峻，展示的是凤凰山的大背景。

　　马远《雕台望云图》上的高台在体量上则较为宏大，层层构筑，步步抬升，形成极高的一处观景台，上面又有一座可拆卸的帐篷，为山顶之上遮阳避雨不可或缺的

马远（传）《雕台望云图》局部。波士顿美术馆藏

刘宗古《瑶台步月图》。故宫博物院藏

南宋萧照《中兴瑞应图》中的高台建筑"飞仙台"。上海龙美术馆藏

用具。

　　此外，与李唐一样辗转南渡到杭州的画院待诏刘宗古，其《瑶台步月图》中的赏月瑶台，也是绝高处的一座露台，台基斗拱、四围雕栏、地面铺装均为精工良造，可与《高阁焚香图》参照而观。

　　萧照《中兴瑞应图》上描画赵构箭射"飞仙台"榜上三字，此台建于平地上，两侧各建台阶，顶部建有回栏、槅子窗的高阁一座。整个高台通体有纹饰，显得华贵富丽，其形制式样或也参照了宫廷内的某个实体建筑。

4. 亭子：宜水宜山，
无处不在的佳构

山水园林艺术是秦汉以来皇宫经营中的一种普遍应用。可是北宋汴京地处一马平川的中原地带，皇宫先天就无借用自然山水营建后宫花园的可能。但平原并未限制人们的想象力，汴京宫城并未就此放弃对于山水园林的膜拜追崇与实体建造，徽宗时期大肆收罗花石以营造御园艮岳，那是一项当时惊动天下的刻意且极致的"仿真"造园大工程。

北宋郭熙作于神宗熙宁五年（1072）的《早春图》局部，透露了宫殿建筑对于自然山水的向往。台北故宫博物院藏

南宋佚名《荷亭消夏图》局部。台北故宫博物院藏

　　宫室建筑对于自然山水的追慕，在北宋顶尖的宫廷画师作品中，也可一见端倪，譬如郭熙《早春图》。这幅名作中的山壑林水间，一组错落有致、层叠密集的楼阁建筑群，透露出宏大与精致的宫室气息。而跳出建筑群落、兀立山腰上的一座简易茅亭，则点出了山水园林景观中简朴自然的野趣。但这显然是一种理想，在汴京城里绝无可能有这样的现实。

　　临安城的自然环境，对于南宋皇城而言，大可以将理想照进现实之中。

　　杭州作为江南园林的一大胜地，对南宋皇城的营建风格当有极大的影响。譬如亭子，这是最具普遍性和代表性的园林建筑，在园林中宜水宜山，宜高宜下，宜大宜小，宜方宜圆，宜孑然独处，也宜纵连横并，择地和建造都非常灵活，且往往成为一片平常景象之中的"吸引点"或"转折点"。是以在宋画中，亭子也常常成为构图中的"亮点"，我们从中可以想见南宋皇城中精致别样的江南园林美景。

李嵩《木末孤亭图》一方亭，立于高崖之上，处境高危绝险，本身就是足可观赏的一个景致。方亭体量很小，却造作精良，台基地面精砖铺设，斗拱顶梁精巧合度，落地木槅窗挡风遮雨。亭者停也，登山至此，可小憩而观高山流水，也可暂避风雨。山水之间有此佳构，也是步履必到之处。

凤凰山在南宋时属于宫禁后苑，因而山上园亭翼然，当是一种常景。文献中记载南宋皇城中最多的建筑是亭子，仅仅《武林旧事》卷四《故都宫殿》讲到的亭子，就达九十座之多。这种江南园林中最为常见的建筑在南宋皇城内大量出现，可见这座皇宫极具园林的意趣。

李嵩《木末孤亭图》局部。故宫博物院藏

5. 楼阁：至美至精，
不辜负良辰美景

同样是观景的需要，李嵩《月夜看潮图》所绘的是一处观潮楼阁。

淳熙十年（1183）八月十八日，孝宗亲到德寿宫，

李嵩《月夜看
潮图》。台北
故宫博物院藏

南宋佚名《寒林楼观图》中的高楼。台北故宫博物院藏

恭请太上皇和太后一同前往浙江亭观潮。周密《武林旧事》说："禁中例，观潮于天开图画，高台下瞰如在指掌。都民遥瞻黄伞、雉扇于九霄之上，真若箫台、蓬岛也。"可见帝后们的观潮地点有多个选择。

《月夜看潮图》上的这一建筑群究竟在何处，已经无从知晓了。但画上苏轼诗句的左下，有一坤卦钤印，与杨皇后题写在另一幅绘画上的印章相仿佛，可以确认就是当时的宫中藏画。而更重要的是，这组精美至极的阁楼可称得上南宋皇城建筑的代表作。

此画充分显示了李嵩善作界画的特点，临江之楼与楼前露台可谓至美至精。楼的右侧有廊，折而向后；二楼背后接出一条飞廊，直通已在画外的后楼；前后二楼由飞廊连接成一组工字形建筑；楼前所有物事已被故意删去，以突出这座典雅楼阁的精致与俊秀。

杭州在南宋时即被誉为人间天堂，而这幅画上的建筑物，便是这个"天堂"中的蓬莱仙台（箫台）。

南宋佚名《寒林楼观图》中的高楼，则以高大别出一格。这树林中露出半边的三层高楼，一二层达到七开间，正中三间前突又成一楼，三楼为五开间，建筑等级非常之高。各楼层结构精巧，装饰典雅，四周装有槅子窗和卷帘，在宏大中显现了精致。在传世宋画中，堪称最高大壮丽的一座楼。

中秋赏月和观潮之外，每年七月七日乞巧节也是宫中的一大节日。这乞巧节怎么过？传统习俗是宫中女眷和宫女们在这天晚上登上穿针楼，面向银河而祈求得巧，然后还要在月光下用五彩丝缕穿七孔针或九尾针，相互斗巧，先成者谓之得巧。可见宫中乞巧节时，宫女们比的是心灵手巧。

赵伯驹《汉宫图》。台北故宫博物院藏

赵伯驹《汉宫图》所绘即为南宋宫中乞巧节的情景。画上绘宫中庭院一景，叠石成山，芭蕉丛丛。主楼为重檐歇山顶楼阁，时值炎暑季节，楼阁上的槅子长窗均被卸去，门户大开，使"外人"得以洞悉里面的家具陈设，但空无一人。楼里刚刚结束了一场晚会，人都跑到室外去了，一队宫女，其中不少人许是刚才晚会上的表演者，分成两排，手有所执，赶着一头生羊，在楼前秩序井然地向左穿过假山洞，往抬梁式的城门缓缓移步。其中一女由执举雉扇的宫女陪侍，当为后妃一类人物。路旁一侧用帏幔临时搭建了"步障"，几辆牛车马车和照看牛马的车夫均被"隔离"在此。

众女子穿越高大门楼往"高处"去乞巧和斗巧，这高处又会是一个怎样的场景呢？李嵩《汉宫乞巧图》用画面给出了答案。

李嵩《汉宫乞巧图》。故宫博物院藏

宋佚名《金明池争标图》局部，注意宫墙上龙凤图案的雕饰。天津市博物馆藏

① 金明池是北宋
位于汴京城西北的
皇家园囿。

乞巧节从汉代开始流行，故而李嵩将这幅画也题作
"汉宫"，其实画的是南宋宫中景物。《汉宫乞巧图》
中的一座高墩墙面上，饰有类似砖雕的花纹，砌筑十分
考究，而这种墙面雕饰在北宋已出现，如托名张择端的《金
明池争标图》①，宫墙上有一龙凤图案的精美雕饰，可见
李嵩此画这座建筑承袭了北宋宫室中的一些建造元素。

马远《青峰夕霭图》局部

　　高墩下的宫门为门已洞开的抬梁式宫门，这坚实厚壮的门禁相比南宋初期宫内"乌头门"之类的简易木门，形成了极大的反差。门洞右侧有一蹬道直通上层，一座重檐歇山顶大堂（原有的槅子长窗也均被卸去）即建于墩台之上，大堂外是一座架空的有雕栏围护的露台。

　　这种利用高墩基础，在宫门墩台之上建成架空露台的建造样式，还见于马远的《青峰夕霭图》。

　　回头再看李嵩此画，门洞内侧又有门可通左边长廊。长廊两侧长窗尽去，两边各有一水池，由长廊台基下的涵管沟通两池水流。长廊后边丛林中，一座四角攒尖亭高耸林表。一幅尺寸不大的团扇画面，将皇城中精巧的庭院布局和丰富的建筑形制，表现得十分精彩。

6. 长廊：勾连起远近楼台、
高山流水

　　淳熙四年（1177）九月二十日，这天晚上轮到丞相史浩进宫陪官家赵昚夜读。

　　赵昚对史丞相很厚爱，赐宴澄碧殿款待他，还准许老史坐轿子进宫。这让史浩很感动，陪读结束回家后，写了一首诗记述这事。诗中写到他从东华门乘肩舆入宫后见到和遇到的情景："……复古距选德，相望几数里。修廊接云汉，岩峣灿珠蕊。中途敞金扉，恍若蓬壶里。群山拥苍壁，四顾环弱水。山既日夕佳，水亦湛无滓。冰帘映绮疏，琼殿中央峙。澄碧曜宸奎，神龙争守视……从游至清激，锡坐谈名理。泉声韵瑟琴，一洗筝笛耳。

马远《踏歌图》局部。故宫博物院藏

南宋佚名《高阁凌空图》。故宫博物院藏

皇云万机暇，观书每来此……"

史浩这首诗透露了大内宫室建筑的很多信息：其一，诗中描写虽有些夸张，但从选德殿赶到复古殿还是要走些路的；其二，宫中有长廊连接主要殿宇，而且这长廊为爬山廊，可一直蜿蜒上到山顶；其三，长廊两边有围挡，围挡上应该还有可根据季节拆卸的木格子长窗；其四，长廊每隔一定距离，才会有门交通内外，人在长廊中未必可见外部情形，廊外也无法洞悉其中的动静，颇具保密性。

马远的《踏歌图》、马麟的《秉烛夜游图》（参看本书第六章第179页）等院画，均再现了这种长廊和连廊亭。

南宋皇城位于凤凰山地，宫中很多建筑必成高高下下布置，勾连殿宇之间的长廊过道也必定是上上落落，这在整个宫苑的立体空间上，平添了一种高低错落、远近呼应、宛转延续的美感。这种与自然山水融为一体的建筑格局和营造艺术，在中国历代宫廷建筑中是罕见的。

而凤凰山以及西湖的优美自然山水，与皇城建筑的宏丽精美相衬相融，又让画院的艺术家们可从中得到有益的启发，使得画作更臻一种高远、旷达、清丽和精美的艺术境界，如佚名《高阁凌空图》、佚名《深堂琴趣图》、马麟《楼台夜月图》等。

当代学者郭黛姮考证南宋陈世崇《南渡行宫记》的记载认为，皇城宫中从内朝的嘉明殿（原绎已堂）经过一条一百八十开间的锦胭廊（廊外即后苑），便可通到

佚名《深堂琴趣图》。故宫博物院藏

御前主要殿宇；因地形起伏，这条锦胭廊可能为带有一定曲折的廊子。一百八十间的长廊长度如何？宋代建筑的廊子每间大小七八尺，即合 2.5 米左右，因此锦胭廊总长为四百五十米，可称之为宋代花园长廊之最。

再看马远的《青峰夕霭图》（参看本章第 272 页），近景是夏季宫苑中一处站位极高的建筑群。由山下延伸而来的长廊每一个开间的槅子窗都已卸去，对比马麟《秉烛夜游图》中的长廊，可以看到季节上的变化。长廊连接到一处歇山顶大堂，旋即右转出画面后，再折回上行连到一座有竹丛烘托的四面攒尖亭。亭子连同亭前平台之下是一座石砌的宫门，这座坚实的石头建筑自然成为一座高台，承载架空于其上的亭台。这种宫门顶部筑成高台再作利用的情况，还见于前面李嵩的《汉宫乞巧图》。

马麟《楼台夜月图》。故宫博物院藏

再看马远此画中的亭台四周雕栏围护，平台上有一座临时搭建的遮阴帐篷。亭台之下的宫门入口旁，两株芭蕉正自舒展，点明了画中的时令季节。整组建筑的布局和构筑都十分讲究，在并不太大的范围中，呈现了一个具有丰富建筑语言的精巧空间。

马远的《踏歌图》是从宫墙外对皇城的一种远望，
而他的另一幅雪景作品《雪楼晓倚图》，则是从凤凰山
上鸟瞰大内宫室。

此画远景为掩映在山林和雪雾中的一组殿宇建筑，
重檐主大殿与其他楼宇之间以长廊相连。近景楼阁主体
和两侧小楼筑于石砌台基上，主楼悬空挑出部分以木柱
支撑，类似吊脚楼。细看这座楼阁，没有一般宫室建筑

马远《雪楼晓倚图》局部

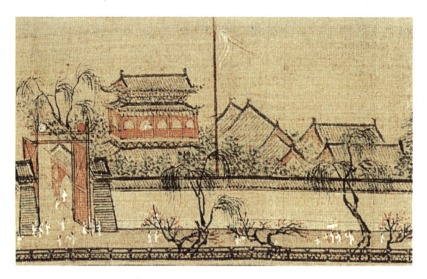

宋佚名《金明池争标图》局部，这是金明池边上的一座寺院，其主楼为五开间壶门式建筑。天津市博物馆藏

的那种精致，主楼三开间窗户和其余窗户均呈佛寺中的壶门状，木格子窗紧闭，仅有中间一扇打开，窗内有人在赏雪景，正向宫城方向眺望。

这幅画另有宁宗皇帝题字，抄录的是两宋之际诗人陈与义的《观雪》诗："无住庵前境界新，琼楼玉宇总无尘。开门倚杖移时立，我是人间富贵人。"可见山上这座楼宇确实是寺院。

宋佚名《金明池争标图》上，在金明池围墙外有一座寺院，其主楼等级很高，为重檐歇山顶、五开间壶门式建筑。

凤凰山原有初建于唐代的圣果寺，南宋时被划入宫禁后苑，成为皇家寺院。《雪楼晓倚图》所画这座建筑很可能就是禁苑中的圣果寺一角。

8. 宴殿：醉梦时的
万盏华灯千枝梅

孝宗皇帝对史浩赐宴澄碧殿，这只是君臣二人的小酌浅饮，遇到大一些的或较为重要的宫中宴会，又有御宴大殿。马可·波罗游历南宋皇城故地时，听人介绍说，有一座大殿，皇帝每年在此举行朝会，大殿中可以容纳上万人同时就餐，而且这种宴会往往要持续十到二十天。这显然是马可·波罗惯用的夸张之笔。那么，重要的御宴所设殿宇又会是怎样的呢？

宁宗嘉定元年（1208），"开禧北伐"惨遭失败的南宋王朝在刺杀权臣韩侂胄并函其首级送呈金人后，终于换得了宋金两国的和议。虽然这比前两次的和议更为屈辱，但宋廷仍为和议的主导者、丞相史弥远大摆御宴，庆贺和议的缔结。傅伯星考证，马远《华灯侍宴图》就是对这次重要御宴场景的一个记录。

时值隆冬，夜幕四合，御宴大殿敞开的大门垂帘半卷，其余地方俱被木格子长窗围护。殿内可见华灯高悬，侍女相候，宴会坐席长桌后各有屏风；五六人恭立殿中作拱手贺礼状，宴会主人却被隐于大殿深处，不得一见。大殿前方广场四周梅花簇拥，一群腰挎乐鼓的宫女舞姿划一，翩翩起舞。

马远《华灯侍宴图》（别本）局部。台北故宫博物院藏

宁宗在马远这幅画上有题诗，其中两联道："酒捧倪觞祈景富，乐闻汉殿动欢声。宝瓶梅蕊千枝绽，玉栅华灯万盏明。"这正是御宴当时的情景。留意这座五开间歇山顶大殿，它由檐殿、正殿和后殿组成，前后排列仿佛"前胸贴后背"，紧挨一体；正殿一侧又有通出画外的朵殿，但不见另一侧有朵殿。

导致这种前后殿宇紧贴相连、左右建筑布局不对称情况的出现，既有画家出于构图艺术需要而不拘泥于画作对象现状的主观原因，也有南宋皇城受山地地形限制，局部地段建筑密度过高的客观原因。

9. 舞台：舞榭歌台，
演尽风云际会

2001 年，杭州考古人员在清波门东面、中大吴庄小区内，发现了恭圣仁烈皇后宅，并获评当年度全国十大考古新发现之一。恭圣仁烈皇后是谁？她就是宁宗赵扩的杨皇后，曾矫诏暗杀权相韩侂胄和废立太子赵竑，是当时重大政治事变中的一个重要角色。而她最初能够和太子时的宁宗"自由恋爱"，很大程度上也是因为她擅长杂剧戏曲表演。

南宋时宫廷流行戏剧歌舞，赵构宫内杂剧演员中有一名号称"菊部头"的菊夫人，一出梁州曲舞非她不可，她不在戏班后，宫里的梁州曲舞就演得不着调了，让赵构看得很不舒服。后来赵眘每有宴饮之会，少不了歌女舞姬的笙歌曼舞，或杂剧戏曲的唱念做打。前面史浩诗中说到"泉声韵瑟琴，一洗筝笛耳"，隐晦地说到宫廷歌舞都已经有些喧闹了。

杨皇后十岁时，由其养母张夫人荐入皇太后吴氏慈福宫的乐部，当一名杂剧童孩演员，也兼琵琶弹奏。张夫人也是一名声乐高手，吴后非常喜爱她。某日吴后看戏，因张夫人不在场，总觉得这出戏演得差劲，便问左右："我记得张家夫人演技一流，如今却在哪儿？"左右称张夫

南宋佚名《荷塘按乐图》。上海博物馆藏

人早些时候不幸病故了，不过她有位女儿很聪慧，小小年纪也善表演。于是，这杨孩儿就留在了慈福宫，常在吴后左右，长大后结识了后来的宁宗，最后还将凶险无比的"宫廷戏"一步步演到了自己出任贵妃、正牌皇后，以至皇太后。

　　杨皇后闲暇时喜欢写诗题句，马远、马麟等人的传世绘画上多有她的题诗。她写的《宫词》五十首，大都反映大内见闻和日常生活，较为生动地保存了南宋宫廷生活状况。其中写到的歌舞表演有："上林花木正芳菲，内里争传御制词。春赋新翻入宫调，美人群唱捧瑶卮。"

诗中叙述了宫中乐班春天排演的情景。另一首宫词说："新翻歌谱甚能奇，宣索宫娥入管吹。按拍未谐争共笑，含羞无语自凝思。"一名宫娥在众人面前把管乐吹走调了，遭到同伴的哄笑，宫词捕捉到小妮子羞惭害臊和暗自尵酌的这一瞬间，描写得非常传神。这场景或许就是杨皇后当年的遭遇。此外，像"海棠花里奏琵琶，沉碧池边醉九霞"和"棚头忽唤歌新曲，宛转余音出紫垣"等描写，都应该是杨皇后经历过的宫廷乐班生活。

宫中歌舞的场景和场面，也可以从宋画中窥其大概，如佚名之作《荷塘按乐图》《杨柳溪堂图》。这两幅图似乎是从两个不同角度"拍摄"了同一个演唱场景，和《华

南宋佚名《杨柳溪堂图》局部。故宫博物院藏

灯侍宴图》一样，只画了相关建筑场景的一角。《荷塘按乐图》属马远"边角之景"的风格，描绘了一处建于水畔的精致园林建筑，山石危岩，荷塘柳荫，一片好风景；堂前临水平台上一组乐队正为独唱者伴乐，整齐划一，而演唱者手执红帕咿呀而歌，恰是画中的"点睛"之笔，欣赏歌舞的宴饮主人却隐而不露。

10.御园：移步换景，四季如画

　　《荷塘按乐图》《杨柳溪堂图》所呈现的江南园林景色，在院画中也不少见，如马远《山水册页》似为西湖一角。赵宋皇帝在西湖边建有多个御花园，大内后苑和德寿宫里也引水辟建小西湖，园林造景仿自西湖。马远《山水册页》中反映的这些园林景致与西湖风景十分相似，或有可能也是宫中一景。

　　事实上，作为院画高手的刘松年，为后人留下了著名的《四季四景图》，上面那些十分精美的庭园建筑，

马远《山水册页》局部

刘松年《四景山水图·夏》局部。故宫博物院藏

刘松年《四景山水图·秋》局部。故宫博物院藏

很多应该就是御园实景的写照。

　　再看一幅宋画《宫中行乐图》。此画传为北宋画家郭忠恕所作，当代画家、学者傅伯星认为应是南宋院画，且为德寿宫中的一景。

　　这幅画呈现给我们的是一个典型的宫中庭园场景，画上"行乐"的含义表现得并不充分，但所画的建筑群

287

刘松年《四景山水图·春》局部。故宫博物院藏

刘松年《四景山水图·冬》局部。故宫博物院藏

郭忠恕（传）《宫中行乐图》。台北故宫博物院藏

却充分展现了宫廷内苑的精致生活。三开间主楼为重檐
歇山顶，开间极大，接近五开间的宽度；两边犹如"朵殿"
的副楼也各有两个开间；细看楼层之间、重檐之间的斗拱，
构造极为繁密。这些都显示了这座建筑的重要性。具有
明显南宋建筑特点的是，两个楼层上，包括前方的长廊上，
均可看到能拆卸的木格子长窗，符合杭州冬夏两个季节
的极寒与极热的气候特性。硕大的山石盆景体现了宫廷
气派，也透露了这种流行于南方的细巧艺术与杭州有关。
再有就是主楼外边的曲折长廊和攒尖园亭，与前面南宋
院画给我们的相关景象基本一致。

因而，南宋皇城的典型宫苑由此可见一斑。

11. 水殿：避暑时节的精致生活

　　江南夏季炎热，但江南也多湖泊河川，是以畔水纳凉也成为了宋画多见的一种题材。跟马远《山水册页》相似的场景有南宋佚名《水阁纳凉图》，画中荷香四溢，柳荫正浓，曲池堤岸上桃树已经结果，引来两个童子搬

南宋佚名《水阁纳凉图》。上海博物馆藏

凳摘桃。临岸一座以斗拱之法架空于水上的水阁，屋面为重檐歇山顶构造，四周格子窗均已卸去，可谓不同寻常。然而，我们看到的大内中的水殿，在构建上比水阁更显华贵和精巧。

"凉生水殿乐宸游，钓得金鳞上御钩。圣德至仁元不杀，指挥皆放小池头。""水殿钩帘四面风，荷花簇锦照人红。吾王一曲薰弦罢，万俗泠泠解愠中。"杨皇后的这两首《宫词》描写了大内夏天避暑纳凉时的景象，里面提到的水殿会是怎样的建筑呢？

请看李嵩的杰作《水殿招凉图》。画中水殿构造非常精巧，为十字坡脊顶。因是盛夏季节，水殿四周原有的木格子长窗俱已撤去，成为四面通透敞开的凉亭，宜于避暑。水殿之所以称"水殿"，是因为它临靠一座有

李嵩《水殿招凉图》。台北故宫博物院藏

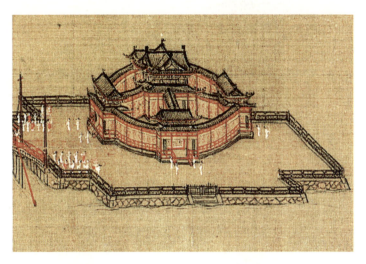

宋佚名《金明池争标图》局部，湖中岛上也有十字坡脊顶的水殿建筑。天津市博物馆藏

桥横跨的水闸。当开闸泄流之时，附近一带水气风气必盛，极易带走暑气而取得纳凉的效果，而水殿基座在建造时被架空，透风排湿，也宜于整个基座保持一定的干燥。画中两名小儿在泄流中放行两艘帆船模型，与杨皇后《宫词》描写皇帝在水殿放生不同，但临流放舟正是顽童夏日喜好的游戏。

在对德寿宫遗址的现代考古中，曾发现水闸遗迹，可见当时宫中是有可能存在类似纳凉水殿的。

李嵩这幅画上的这种造型别致的十字坡脊顶水殿，在宋画中多有出现，如北宋《金明池争标图》中的湖中岛上，也有一座十字坡脊顶建筑。因为李嵩所画构造非常精美，描绘非常精细，水殿及其水闸和周边环境浑然一体，极富美感，成为不少人在研究中国古代建筑时的关注对象。

12. 秋千：翻飞百花丛，
击鞠风流眼

南宋宫廷绘画对建筑细部和场景细节的精心描绘，也给后人带来了很多宫廷生活"内涵"。

赵伯驹《汉宫图》中有个细节：左上方门楼与远山之间的丛林中，高耸着一座彩旗飘飘的木架子。马麟的《楼台夜月图》右下方殿角树林之间，在朦胧月色下也有一座类似的木架子。

左图为马远《楼台春望图》局部，右图为赵伯驹《汉宫图》局部

　　这是何物？宁宗皇帝有云："烟静云娇露已晞，昼长人困杏花时。秋千闲倚楼台看，尽日无风彩索垂。"这首诗题写在马远的《楼台春望图》上，可见画中木架子当是秋千无疑了。且杨皇后《宫词》中也有描写皇帝

《西湖清趣图》上南宋临安丰豫门外西湖边的蹴鞠球门。弗利尔美术馆藏

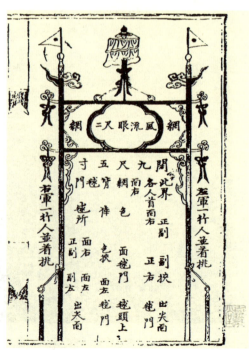

明人《蹴鞠谱》中的蹴鞠球门式样图。南京图书馆藏

北宋李公麟《明皇击球图》局部。辽宁省博物馆藏

与宫女玩耍秋千的场景："忽地君王喜气浓，秋千高挂百花丛。阿谁能逞翻飞态，便得称能女队中。"陈世崇《南渡行宫记》也说："廊左转数十步，雕阑花甃，万卉中出秋千。"

然而，细观这些宋画，在"秋千架"的上端还有两根横木，横木之间可隐隐看到还有一些构件，很像是宋代非常流行的运动兼游艺项目蹴鞠中的"球门架"。我们看《西湖清趣图》，在丰豫门外就立有一座蹴鞠球门架；而参考明人《蹴鞠谱》中蹴鞠球门式样图，可知这横木之间还有一个"风流眼"，也即皮球当从这个圈中过，方称好球，其难度似乎远比现代足球或橄榄球要高。

文献记载，淳熙九年（1182）中秋节，赵昚到德寿宫陪太上皇过节时，曾一起"观御马院使臣打球"。杨皇后《宫词》说："击鞠由来岂作嬉？不忘鞍马是神机。牵缰绝尾施新巧，背打星球一点飞""小样龙盘集翠球，金羁缓控五花骝。绣旗高处钧天奏，御棒先过第一筹""凉秋结束斗新晴，宣入球场尚未明。一朵红云黄盖底，千官下马起居声"，这三首诗都讲到了宫中的蹴鞠活动，而且还是骑马打球，需要足够宽大的场地。

南宋陈世崇的《南渡行宫记》讲到，在杨太后垂帘听政处慈明殿之前，有百步之长①的"射圃"，这很有可能被兼用作宫中球场。而秋千架和球门架在形制上也非常接近，所以也有兼而用之的可能。

① 宋制一百步约合 150 米。

13. 桥梁：桥上看风景，
人也成一景

　　南宋皇城因有河道流入其中，后苑又有小西湖等园林景区，所以勾连交通的桥梁必不可少，比如"南内"就有万岁桥、清平桥、春波桥、玉虹桥等桥梁。萧照《中兴瑞应图》中就多处出现构造比较精致的桥梁。托名张择端的《金明池竞渡图》上的拱桥是典型的内苑桥梁，它和《中兴瑞应图》所画的桥梁结构，还能在太原晋祠保存的"鱼沼飞梁"上，找到一些相似之处。

南宋萧照《中兴瑞应图》中的宫中桥梁，它要适合车辇经过。
上海龙美术馆藏

南宋萧照《中兴
瑞应图》中的桥
梁。
上海龙美术馆藏

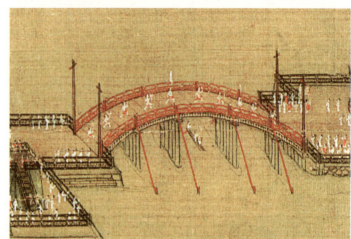

托名张择端的
《金明池竞渡图》
上的拱桥。
天津市博物馆藏

太原晋祠圣母殿
前的鱼沼飞梁，
建于北宋初年，
是架构在方形水
池上的一个十字
板桥，是典型的
宋代官式建筑

王希孟《千里江山图》上的长桥。故宫博物院藏

夏圭《溪山清远图》上的一座桥，中间筑有歇山顶亭子，可见除了交通之用，此桥也是观景休闲的佳地。台北故宫博物院藏

马麟《荷香清夏图》上的长桥。辽宁省博物馆藏

德寿宫中也有小西湖，湖上建万寿桥，桥上有四面亭。可见皇城中，桥梁还是驻足小憩或闲坐观景的好地方。北宋末年王希孟《千里江山图》中的长桥上出现供人休闲赏景的亭子。南宋夏圭《溪山清远图》中也有桥亭，并成为画中的一个主要景点。马麟《荷香清夏图》上的长桥，虽然没有桥亭，但它们建筑精美，当是御花园中的佳作。

14. 龙舟：满载着奇思妙想的移动楼台

宫中游乐的另一个项目是龙舟游湖。赵构遗孀吴氏在赵眘内禅退位时，仍居住在慈福宫①。某天，赵眘探知不远处的东园，大片临池的芙蓉花开得正好，便请吴老太后前往赏花。他们登上龙舟一边游湖、一边赏花，据说"撤去栏幕，卧看尤佳"。可见这龙舟设计周到，让人可以坐观，也可卧游。

李嵩《天中戏水图》绘一大龙舟，龙头高昂是为船首，船尾即龙尾，船上亭台楼阁排布紧凑，应有尽有，俨然一座缩小版的精致庭院。龙舟上的主楼造型为十字坡脊顶，可谓是那幅《水殿招凉图》中的水殿建筑的翻版，尽显宫室建筑的精巧。两座飞桥连接前后楼台，既为人行便道，也是稳固平衡船上主要建筑的"固件"，可谓奇思妙想。

再看《金明池争标图》，也有一艘与李嵩画的很相似的龙舟，但主楼为重檐歇山顶，而非十字坡脊顶。当然，事实上无论是北大内，还是南大内，像李嵩画中如此大体量的龙舟，是容纳不了的。李嵩此画虽然画出了宫中龙舟的盛大气象，但无疑是有艺术虚构成分的。

① 即原来的德寿宫。

南宋李嵩《天中
戏水图》中的大
龙舟。台北故宫
博物院藏

宋佚名《金明池
争标图》局部,
这条龙舟与李嵩
画的很相似。
天津市博物馆藏

　　杨皇后《宫词》有云:"绕堤翠柳忘忧草,夹岸红
葵安石榴。御水一沟清澈底,晚凉时泛小龙舟。"可见
大内龙舟并不大。

15. 回眸：好一座
江南山水园林式宫殿

经过一个多世纪的持续建设，南宋时期在凤凰山以东和馒头山一带，形成了巍峨壮丽的皇城建筑群，其中文献记载有大殿三十座、堂三十三座、阁十三间、斋四间、楼七座、台六座、亭九十座。皇城四面各开一座大门，南题丽正门，北名和宁门，东为东华门，西称西华门。

整个皇城充分利用山势精心规划布局，将主要宫殿置于凤凰山和馒头山之间相对地势较高的南部，显得气势恢弘。皇城内殿、堂、楼、阁、台、轩、观、亭等建筑鳞次栉比，典雅精致，在当时堪为世界上最为光彩夺目的皇宫。

根据文献记载，加上二十多年的现代考古勘探，现在初步确定的南宋皇城（大内）遗址的范围为：东起馒头山东麓、凤山路西侧，西至凤凰山山脊，南至宋城路一带，北至万松岭路，占地面积约五十万平方米。

南宋皇城建筑的特点，已基本上可从上述宋画中看到。

它的面目样貌，一脉相承于北宋皇城的范式与风貌。

宋佚名《盥手观花图》截取了庭园中一名宫妆贵妇在使女的侍候下，一边盥手一边回首赏花的一瞬间。虽然岁月模糊了此画的颜色，但仍可以感受到园中湖石、花木、几案、瓶花等，所呈现出的几臻极致的精美。天津艺术博物馆藏

依据《营造法式》施行，南宋皇城主要殿宇、宫门以及龙舟、皇家寺院建筑等，至少在外观上传承了北宋皇城建筑的基本形制。但在南宋初期，营建的宫室较为简朴。

它的妆容扮相，又有极高的美学追求与艺术造诣。绍兴后期以至南宋结束，多数宫室建筑构造极为精细，工艺极为精良，形态极为精美，并且不乏较为宏大的建筑群。营造者追求极致的作风，使得南宋皇城建筑品位极高，极具艺术价值和美学价值。

它的安身立命，还有别开生面的新境界与新典范。整座皇城建设因地制宜，人文融于自然之中，建筑布局高低错落，建筑形态多种多样，建筑景观丰富多彩，生态环境优美典雅，全新创建了一座宜政宜居、宜养宜游、

宜花宜木、宜诗宜画的江南山水园林式宫殿，成为中国皇城建设的又一个典范。

曾经游历讲学于英国、对西方建筑史和艺术史颇多专研的当代中国建筑学家王贵祥说：

"与世界历史上的其他建筑体系相比，中国建筑在总体的空间经营上，应该说是将理性有序与浪漫自然两者之间结合得比较恰到好处的。一座精心规划的中古时代的大都市，或一座帝王的宫廷园囿及其离宫别馆，不唯有星罗棋布、院落纵横、回廊复道、巷陌交通的繁复而严密的空间组织，亦有挟山带水、涵天纳地的与自然融而为一的空间气韵。因而，以群体空间见胜的中国建筑

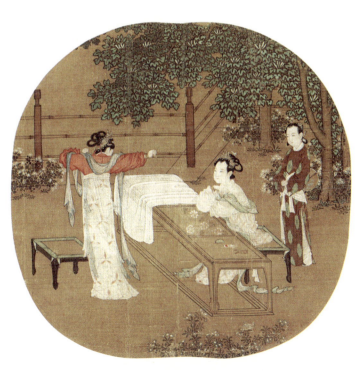

南宋刘松年《宫女图》描绘了宫廷日常生活一景，庭院一角的桐荫篱下，花儿朵朵明丽素雅，衬托着花样年华的宫女，及其试穿新衣的欣喜，也透露出宫廷后苑一种淡雅清丽的风尚——这正是宋的风雅。东京国立博物馆藏

的空间组织，集宏大与深邃、华丽与幽雅于一体，创造了在建筑空间组织方面独具特色的一个体系。"

南宋皇城正是这样的代表作。

元人张昱某天在西窗鉴赏马远的《宫廊雪霁图》时，喟然而叹，题诗道："画在丹青事已非，碧山犹自绕朱旗。分明黄屋宸游处，千步宫廊雪霁时。"雪中的南宋皇城，宛在眼前，仿佛当年，可惜早已成为过眼烟云。

虽然如此，它的长长回回廊，高高低低房，山山水水景，细细巧巧样，呈现的是一座精美宏丽、宜人宜居的山水园林式宫殿。当年无数设计者、建造者的殚精竭虑和匠心独运，使得这座山水间的帝王家，在中国建筑史上独树一帜，堪称伟大的创举。

参考文献

1. 李林甫等:《唐六典》,陈仲夫点校,中华书局,1992年。

2. 孙奭:《律》,北京图书馆出版社"中华再造善本"2003年影印宋刻宋元递修本。

3. 苏轼:《苏轼诗集》,王文诰辑注、孔凡礼点校,中华书局,1982年。

4. 陈与义:《陈与义集》,吴书荫、金德厚点校,中华书局,1982年。

5. 李焘:《续资治通鉴长编》,中华书局,1979年点校本。

6. 李光:《庄简集》,线装书局"宋集珍本丛刊"2004年影印清乾隆翰林院抄本。

7. 张九成:《横浦先生文集》,北京图书馆出版社"中华再造善本"2003年影印宋刻本。

8. 陆游:《老学庵笔记》,李剑雄、刘德权点校,中华书局,1979年。

9. 周必大:《玉堂杂记》,清道光二十八年（1848）欧阳榮瀛塘别墅刊,咸丰元年（1851）续刊。

10. 周淙:《乾道临安志》,浙江人民出版社"南宋临安两志",1983年。

11. 徐梦莘:《三朝北盟会编》,上海古籍出版社1987年影印清光绪许涵度刻本。

12. 李心传:《建炎以来系年要录》,中华书局,1988年。

13. 范成大:《吴郡志》,江苏古籍出版社,1999年。

14. 王明清:《挥麈录》,上海古籍出版社"宋元笔记小说大观",2001年。

15. 陈仁玉等:《淳祐临安志》,浙江人民出版社"南宋临安两志",1983年。

16. 赵彦卫:《云麓漫钞》,傅根清点校,中华书局,1996年。

17. 晁公武：《郡斋读书志校证》，孙猛校证，上海古籍出版，1990年。

18. 叶绍翁：《四朝闻见录》，沈锡麟等点校，中华书局，1989年。

19. 王应麟：《玉海》，江苏古籍出版社、上海书店1987年影印清光绪九年（1883）浙江书局本。

20. 文天祥：《文山先生全集》，中国书店，1985年。

21. 潜说友：《咸淳临安志》，北京图书馆出版社"中华再造善本"2006年影印宋临安府刻本。

22. 吴自牧：《梦粱录》，周百鸣标点，杭州出版社"西湖文献集成"，2004年。

23. 周密：《武林旧事》，周百鸣标点，杭州出版社"西湖文献集成"，2004年。

24. 周密：《齐东野语》，张茂鹏点校，中华书局，1983年。

25. 陈世崇：《随隐漫录》，孔凡礼点校，中华书局，2010年。

26. 陈元靓：《新编纂图增类群书类要事林广记》后集，元至顺年间西园精舍刊本。

27. 脱脱等：《宋史》，中华书局，1985年点校本。

28. 刘一清：《钱塘遗事》，车吉心等编《中华野史·宋朝卷》，泰山出版社，2000年。

29. 夏文彦：《图绘宝鉴》，上海商务印书馆"国学基本丛书"，1929年。

30. 陶宗仪：《南村辍耕录》，中华书局，1959年。

31. 徐一夔：《始丰稿校注》，徐永恩校注，浙江古籍出版社，2008年。

32. 叶盛：《水东日记》，魏中平校点，中华书局，1980年。

33. 田汝成：《西湖游览志》《西湖游览志余》，上海古籍出版社，1998年。

34. 吴之鲸：《武林梵志》，魏得良标点，杭州出版社"西湖文献集成"，2004年。

35. 毛晋：《二家宫词》，上海商务印书馆"丛书集成初编"，

1936年。

36. 释超乾：《凤凰山圣果寺志》，曹中孚、徐吉军标点，杭州出版社"西湖文献集成续辑"，2012年。

37. 清儒臣：《石渠宝笈》，文渊阁四库全书本。

38. 张英等：《渊鉴类函》，中国书店1985年影印1887年上海同文书局本。

39. 厉鹗：《南宋院画录》，上海人民美术出版社"画史丛书"，1963年。

40. 顾嗣立：《元诗选初集》，中华书局，1987年。

41. 徐松辑：《宋会要辑稿》，刘琳等校点，上海古籍出版社，2014年。

42. 徐松：《唐两京城坊考》，上海商务印书馆"丛书集成初编"，1936年。

43. 阮元：《两浙金石志》，清道光四年（1824）李楫刻本。

44. 朱彭：《南宋古迹考》，浙江人民出版社"杭州掌故丛书"，1983年。

45. 余嘉锡：《四库提要辨证》，中华书局，1980年。

46. 刘敦桢主编：《中国古代建筑史》，中国建筑工业出版社，1983年。

47. 唐俊杰：《南宋皇城南城墙考》，《浙江学刊》1998年第5期。

48. 梁思成：《梁思成全集·营造法式注释》，中国建筑工业出版社，2001年。

49. 傅伯星、胡安森：《南宋皇城探秘》，杭州出版社，2002年。

50. 王贵祥：《东西方的建筑空间——传统中国与中世纪西方建筑的文化阐释》，百花文艺出版社，2006年。

51. 傅熹年：《中国科学技术史·建筑卷》，科学出版社，2008年。

52. 郭黛姮：《南宋建筑史》，上海古籍出版，2014年。

53. 姜青青：《〈咸淳临安志〉宋版"京城四图"复原研究》，上海古籍出版社，2015年。

54. 潘谷西、何建中：《〈营造法式〉解读》，东南大学出版社，2017 年。

55. 傅伯星：《大宋楼台》，上海古籍出版社，2020 年。

丛书编辑部

郭泰鸿　安蓉泉　尚佐文　姜青青　李方存
艾晓静　陈炯磊　张美虎　周小忠　杨海燕
潘韶京　何晓原　肖华燕　钱登科　吴云倩
杨　流　包可汗

特别鸣谢

仲向平　方龙龙　盛久远（系列专家组）
魏皓奔　赵一新　孙玉卿（综合专家组）
夏　烈　李杭春（文艺评论家审读组）

供图单位和图片作者
杭州市文物考古研究所
王贤统　朱绍良　李　忠　沈立新　陈　强
姜青青　宣佳宁　傅伯星（按姓氏笔画排序）